农产品流通系统
综合评价研究

Research on Comprehensive Evaluation in Circulation
System for Agricultural Products

郭 玲 著

中国社会科学出版社

图书在版编目（CIP）数据

农产品流通系统综合评价研究/郭玲著. —北京：中国
社会科学出版社，2018.5
ISBN 978 - 7 - 5203 - 2248 - 5

Ⅰ.①农…　Ⅱ.①郭…　Ⅲ.①农产品流通—综合评价
Ⅳ.①F304.3

中国版本图书馆 CIP 数据核字（2018）第 059458 号

出　版　人	赵剑英	
责任编辑	李庆红	
责任校对	李　剑	
责任印制	王　超	
出　　　版	中国社会科学出版社	
社　　　址	北京鼓楼西大街甲 158 号	
邮　　　编	100720	
网　　　址	http：//www.csspw.cn	
发　行　部	010 - 84083685	
门　市　部	010 - 84029450	
经　　　销	新华书店及其他书店	
印　　　刷	北京明恒达印务有限公司	
装　　　订	廊坊市广阳区广增装订厂	
版　　　次	2018 年 5 月第 1 版	
印　　　次	2018 年 5 月第 1 次印刷	
开　　　本	710 × 1000　1/16	
印　　　张	14	
插　　　页	2	
字　　　数	216 千字	
定　　　价	59.00 元	

凡购买中国社会科学出版社图书，如有质量问题请与本社营销中心联系调换
电话：010 - 84083683

目　录

第一章　绪论

当前，我国农业生产的发展突飞猛进，农业生产的产值大幅度提升。然而，农产品从产地到达餐桌这一重要环节也即农产品的流通却始终处于落后状态。农产品运输成本较高，缺少规范的流通组织，信息技术应用有限以及相关基础设施建设落后等诸多问题亟待解决。这些问题导致农户进入农产品流通系统的过程受到极大制约，这是研究当前国内农产品流通的基本环境。一般情况下，农产品物流包含的环节较多，从采摘、包装、仓储，到运输以及配送等，流通链较长。整个流通过程中需涉及很多不同企业，在加工、运输以及保存等方面需投入较高费用，会出现较严重的损耗，物流效率较低。成本居高不下对当前农产品流通低效的普遍现象产生了重要影响。数据显示，国内农产品物流运输成本在流通总成本中占30%—40%，与发达国家相比高出20%—30%。① 可见，国内农产品流通链条上，造成成本居高不下的一个重要因素来自于运输环节。发达国家的果蔬运输中的损失较少，通常不超过5%，美国仅有1%—2%的损耗，国内果蔬运输中的损失有25%—30%之多，损失十分严重。② 因此，本书将以运输为视角，通过改善运输模式从而解决运输环节的低效，对农产品流通模式的优化将起到重要的作用。

农产品运输是农业和交通运输业交叉作用的产物，不管是农业，还是交通运输业均是国民经济发展的基础性产业。自改革开放以来，

---

① 周伟、李想、濮晓鹏等：《2011 年我国农产品流通状况及特点分析》，《中国农村科技》2012 年第 6 期。

② 杨文静：《农产品物流与民营物流企业》，《中国储运》2005 年第 6 期。

我国农业生产和交通运输业均取得了突飞猛进的进步。进入市场经济以后，农业经济的发展，对于交通运输的要求越来越高。要适应农业的快速发展，交通运输网络必然要不断优化和完善。而交通运输业是链接生产和消费的重要媒介，交通运输业的发展水平影响着农业生产、流通、分配和消费的各个环节，已经成为一个国家发展程度的重要标志之一。在农产品的流通中，农产品运输是物流形成的关键，也是农产品商品化的关键。农产品运输的发展，有助于形成农产品生产基地，使农产品商品流通更加快速，从而促使农业发展进入新阶段。也有助于流通量的扩大，使农业经济更加活跃，对农业的发展也有着不容忽视的作用。农产品空间转移要求快速、准确、安全以及经济。合理的运输工具、形式的选择，可以大大减少在运输过程中的时间、金钱的花费，也可以减少在运输中农产品受到的损耗。因此，在运输过程中，对流通区域的交通运输条件给予关注具有重要意义。

目前，国际上发达国家的农产品多数应用"适地生产，运输供应"的模式。美国主要在加利福尼亚、亚利桑那、佛罗里达等地区进行生产，其运输业十分发达，在短时间可以将农产品运送到全国各地。日本60%的农产品是在长野、广岛、爱知等地生产的，这些产品一天时间即可以运送到全国各地。国内农产品在改革开放的影响下，产销以及供求等都发生了改变，市场化程度不断提升，加之国内高速公路网、铁路网和航运网络发展迅速，使农产品的运输得到更好的改善。然而，当前农产品市场运输体系和经济社会的发展并不相适应，加之现代消费者需求的快速增长，运输依然无法满足人们的需求，农产品"卖难""买贵"现象时有发生。其中，一个很重要的原因是农产品运输效率偏低，供需失衡。因此，在推进新农村建设的过程中，如何进一步构建和完善农村现代运输体系，提高农产品运输效率，是促进农产品流通效率，降低成本损耗的关键。同时，也是当前社会普遍关注的热点问题。

第一节　背景和意义

一　研究背景

我国历来是农业大国，改革开放以来，农业经济的发展突飞猛进，对整个国民经济的发展起到了强有力的推动和支持，是我国经济发展的重要基础。农业产量大幅度提升，农民收入也得到了极大的改善。作为一个耕地面积只占全世界 9% 的国家，却为占世界人口 20% 的人口解决了温饱问题，这一巨大成就是全世界人民有目共睹的，中国为世界的农业经济发展做出了巨大的贡献。联合国千年发展目标要实现自 1990 年到 2015 年世界饥饿人口缩减一半，从这个角度看，中国的粮食生产也为世界粮食的产值做出了重要的贡献。2005—2014年，10 年来我国的农业总产值逐年提高，2014 年我国农业总产值54771.55 亿元，几乎是 2005 年的 3 倍。10 年来，农业总产值平均增长率在 12% 左右，2014 年粮食产量达到 60702.6 万吨，与 2005 年相比，增长了 25%。随着我国居民生活水平的提高，对蔬菜的需求越来越高，蔬菜产量也有了大幅度的提高，2014 年我国蔬菜产量76005.48 万吨，比 2005 年增长了 35%。改革开放后政府采取了一系列政策，农业的发展已经由过去无法满足供给的状态转化为目前大规模的商品性生产状态，农业的发展开始呈现出现代化的趋势。

表 1-1　　　　　2005—2014 年我国农业总产值及增长率　　　　单位：亿元

年份	2005 年	2006 年	2007 年	2008 年	2009 年	2010 年	2011 年	2012 年	2013 年	2014 年
农业总产值	19613.4	21522.3	24658.2	28044.2	30777.5	36941.1	41988.6	46940.5	51497.4	54771.6
增长率	1	0.09733	0.14571	0.13732	0.09746	0.20026	0.13664	0.11793	0.09708	0.06358

资料来源：国家统计局数据中心。

我国交通运输业包括铁路、公路、水路、航空等运输部门。是国民经济的重要组成部分，也是衔接生产和消费的一个重要环节。2011

年国家制定"十二五"规划关于综合交通运输体系的规划预计截至2015年已经基本完成,"五纵五横"为核心框架的复合型货物运输体系已然形成。我国的高速公路的整体网络已经基本构建完毕,所有乡镇和建制村已经纳入公路系统中。铁路货运的运输能力有大幅度提高,人口规模较大的城市(大于20万)和大型货物流通中心都已具备铁路货运的服务。同时,我国的快速铁路体系的构建也处于构建尾声,铁路将具备更多元的运输服务功能。我国的海运发展已经成为水路运输最为重要的一部分,内部航运的基础设施也逐步改善,航空运输的系统正在逐步增大规模。如表1-2所示,到2014年年底,我国公路网总里程446.39万千米,其中高速公路网总里程为11.19万千米,位居世界前列;铁路网总里程为11.18万千米,比2010年增加2万千米;国际航运发展迅速,航线长度大幅度增加,2014年为176.7万千米,较2010年增加69.68万千米。我国港口货物的吞吐量和集装箱吞吐量已经位居世界第一,在世界海运的市场上,中国已成为影响力最重要的大国之一。

表1-2　　　　2005—2014年我国主要运输方式运输里程　　单位:万千米

年份	2005	2006	2007	2008	2009	2010	2011	2012	2013	2014
铁路	7.54	7.71	7.8	7.97	8.55	9.12	9.32	9.76	10.31	11.18
公路	334.52	345.7	358.37	373.02	386.08	400.82	410.64	423.75	435.62	446.39
水路	12.33	12.34	12.35	12.28	12.37	12.42	12.46	12.5	12.59	12.63

资料来源:国家统计局。

需要引起注意的是,如表1-3所示,对比我国货运量和农产品产量可以看出,虽然10年来货物运输平均增长率10%左右,增长的绝对量和相对量巨大,但农产品的产量增长同样巨大,且绝对量远远超过了我国货运的数量。这也从另一个侧面说明,一直以来我国的交通运输还不能完全满足农业生产发展的运输需要。长期以来,我国的农产品流通环节的利润不高。一方面,这与我国的发展策略是农业支持工业发展有关,以及农产品自身的特征如地域性、分散性、规模小等方面的落后造成农产品的流通未形成一个完整的产业链；另一方面，还由于我国农产品的运输十分落后，农产品在运输过程中成本较高，流通过程中损耗较大，运输流程较不通畅，造成农产品运输网络呈现分散、断裂的现象。可以说，目前我国农产品运输的整体状况处于非常落后的阶段，农业的高速度发展与农业产品运输的低效率发展形成了明显的差距，农产品运输市场的供应和需求之间的矛盾正在逐步加大。如何调整和改善目前的运输体系使其运转更为流畅和快捷地将农产品从田间顺利推送到桌前，如何评价并采用一个有效的农产品运输的路径从而减少损耗、降低成本、提高效率和效益对优化我国农产品运输系统、有效地推动我国农业发展的现代化水平尤为重要，也是目前农业和运输市场一个真正值得研究的问题。

表1-3　　　　2005—2014年我国货运量与农产品产量对比　　单位：亿吨

年份	2005	2006	2007	2008	2009	2010	2011	2012	2013	2014
全国货运量	186.2	203.7	227.6	258.6	282.5	324.2	369.7	410.0	409.9	438.1
农产品产量	198.7	216.2	240.5	272.2	296.6	338.8	385.0	426.0	426.4	455.0

资料来源：国家统计局数据中心。

我国农产品运输的发展有以下特点：

第一，农产品生产的地域性。由于农作物对土地、气候等自然条件的要求，导致许多种类农产品是在特定的区域生产，因此形成了许多农产品从本地生产到异地消费的特点；同时，由于各地自然条件不同，导致各地品种有所不同，形成本地生产的农产品要运往全国各地进行消费的现象；也有的农产品适宜于全国特定区域生长，形成多个生产地供应全国各地进行消费的现象。如山东、广东、江苏和福建等几个地区是我国蔬菜的主要出口省份，占我国蔬菜出口总量的60%以上。① 多年来"南菜北运"和"北粮南运"的格局正是由于地域的差异造成的。农产品的地域性差别造成其他地区对该农产品的需求，这

① 刘东坡主编：《价格波动频繁》，《中国商业年鉴》（2013年）。

必然要求运输的参与，解决地域性带来的强烈运输需求。

第二，农产品产量的不均衡性。农业生产极易受到自然条件的制约和影响，一个地区的气候和自然资源条件如果更适宜于生产某种农产品，就会出现地区内供大于求，形成产品外运；另一些农产品无法生产，出现供小于求，形成农产品内运。产量的不稳定和不均衡性，导致区域性产生丰收或者歉收，由此产生了某些地区供大于求，而另一些地区供小于求的矛盾。解决这一矛盾要通过异地调配或者动用库存来解决，这同样需要依靠运输的介入。例如，我国黑龙江省粮食农作物 2013 年种植面积 1156.44 万公顷，总产量 6004.1 万吨，分别占全国种植面积和粮食总产量的 10%。① 从全国角度看，农产品的这种不均衡性，形成了农产品的全国性流通。

第三，农产品的运输成本高。我国农产品在运输过程中所产生的各种费用是综合运输成本中最为重要的构成部分。从大型批发市场中发出的农产品，一般其运输成本占到整个流通成本的 46%，那些地头批发市场发出的农产品，其运输成本也占到整个流通成本的 23%。同时，由于目前我国冷藏设施的缺乏和高成本，致使农产品运输的承担者会避免选择冷藏运输，而是选择最普通、最自然的非冷藏运输方式。这种常温运输的方式导致农产品在运输中对时间和储存极高的要求一旦得不到满足，即造成较高的耗损率。我国的耗损率几乎占到整个运输环节的 1/3，而国外先进国家的耗损率约占整个运输过程的 5%，美国的农产品耗损率甚至最低达到 1%。我国与西方先进国家相比，在运输环节上的损耗过大，造成农产品运输过程中的运输成本、保鲜成本、管理成本等成本过高的后果。

第四，农产品的各运输方式应用的不均衡性。选择公路运输的农产品货运承担者占大多数，而铁路由于运输时间较长可能导致的损耗风险加大，使部分农产品的运输者选择规避，至于农产品在航空和内河航运中的应用更是少之又少。反映出我国运输系统发展的不均衡。

---

① 陈晓华主编：《全国主要农作物播种面积和产量增减情况（一）》，《中国农业统计资料》，中国农业出版社 2013 年版。

目前，农产品在运输过程中，粮食、棉花等农产品运输主要依靠铁路直达运输，由于国家"绿色通道"的大力发展，蔬菜水果等鲜活农产品主要依赖公路运输。蔬菜运输通过铁路进行长途运输需要特定的冷藏设备，因此在运输中的成本较高，目前蔬菜运输的主要承担者是规模较小的农户自营，因此这些农户会尽量避免运输中的高成本设备，在运输中主要依靠常温方式。在公路运输中有大约70%采用敞篷卡车，30%左右会采用密封式箱体汽车。这种主要依靠自然、常温的运输模式造成了公路在长途运输中损耗大、成本高的弊端，并且伴随着外部市场油价的逐渐攀高，造成在长途运输过程中，选择公路为载体就可能面临较高的成本风险，从而使公路运输体现出较差的成本优势。因此，合理的协调和使用各种运输形式，实现优势互补，避免我国综合运输系统的基础设施重复建设，整个运输系统具备协同效应的能力，对于建设我国的农产品综合运输网络意义非凡。

第五，农产品运输服务系统整体发展比较落后。目前，我国农产品运输的安全意识越来越高，与之相匹配的各项措施制度较大地促进了农产品运输过程中的安全质量体系的发展。但是以服务意识为重的农产品运输体系还处于发展的初始阶段。大多数农贸市场主要体现为交易的功能，少数农贸市场具有仓储的功能。目前有较少的农产品集散市场已经准许运输服务进入，但所进入的运输公司数量极少，离运输系统网络的实现还相距甚远。在山东寿光最大的蔬菜集散基地，派驻了多家运输公司提供运输服务。但多数运输蔬菜者仍然是小规模的散户自营，他们自己配备运输工具，所提供的运输工具和相应的设备有限，运输方式和运输层次较为单一。在农产品的集散中心区域内部还没有出现提供铁路、港口运输服务的相应公司和相应的设施建设。而在农产品集散地区配备相应的设施，使该集散中心具备多方式联运的服务能力，才可能形成农产品运输的无缝化、网络化。可以预见，农产品运输过程的无缝链接，不仅仅是我国综合交通运输的要求，更是农产品运输未来的发展趋势。但是，一个成熟的农产品多式联运系统的模型仍然还是一处尚未达成共识的学术领域，研究人员更多的是分散探讨这一网络的各个局部如运输的基地港口的研究、运输的设备如集装箱的研究以及运输的承担者——承运人的选择等方面的研究，上升到农产品运输系统，即覆盖了农产品从产出到达消费者手中的完整体系的研究非常欠缺和急需弥补。

二　研究意义

农产品所采用的运输模式贯穿于农产品产出后的全部过程，以往单一的运输模式造成了整个农产品运输网络的断裂，对于农产品多式联运体系的探讨对降低运输链条全程中较高的耗损、较低的绩效将会产生积极的改善作用。对整个农业经济的发展具有越来越重要的作用。对农产品多式联运系统的研究对优化农产品运输链上的资源配置，发挥其最大的效益有着重要的作用和积极的意义。

（一）研究的理论意义

在理论方面的意义主要表现在：一方面，通过分析农产品的特点和分类，结合运输市场完整性分析农产品运输产品或服务的完整特性。农产品的完整性运输是人们在农产品消费市场上的需求，人们要求运输的提供者能够提供满足此需求的运输系统网络，一个完整的多式联运系统网络不但在理论上是合理的，也将是运输市场发展的方向。另一方面，农产品的运输方式在我国目前主要有公路、铁路和水路三种方式（航空方式目前处在尝试阶段，管道方式仅限于液体农产品），每一种运输方式单一运作，较少与其他方式协作。目前，绿色通道将农产品的公路运输发展到了极致，挤占了铁路、水路等其他运输市场，不仅对农产品运输市场的结构产生了不利影响，高耗能特征也造成环境破坏，对未来的长期发展产生不利影响。通过分析绿色通道的演化分析，提出多式联运将是下一个阶段的发展方向，在农产品市场，绿色通道与多式联运是既竞争又合作的关系；结合农产品运输的自身特点确立了符合农产品运输系统的指标评价体系，并在此基础上进一步对农产品多式联运系统进行了深入研究，通过算法的改进对该网络进行了优化，利用优化的网络模型，可以为农产品多式联运网络的进一步完善提供理论依据和实践指导。

（二）研究的现实意义

通过对农产品多式联运的运输网络进行评价，可以改善由于单一运输模式所带来的运输时间长、运输成本费用高的缺点，有效地实现各种运输方式的优势互补，满足消费市场的需求，促进运输系统的协调合作，从而实现运输的规模经济，发挥出其协同的效应。在实施过程中该网络模型可以为运输经营单位提供有效的运营参考，提高整个运输链上的承运人参与的意识，共同协作，降低运输链上的损耗、管理成本等，从而提高整个运输链的效率和效益。

第二节 国内外发展现状

一 国外发展现状

在世界范围内，农产品流通可以追溯到很久之前，许多国家和地区的农产品生产流程都是依靠系统的交通运输网络来完成的，农产品流通的模式逐渐形成了三种模式：东亚模式、北美模式和欧洲模式。东亚模式主要以日本、韩国为代表，北美模式主要以美国、加拿大两个国家为代表，欧洲模式包括德、法、荷等国家。在这一部分当中，我们将对三种模式进行对比和总结，为我国农产品流通的进一步发展提供参考与借鉴的理论基础。

（一）发达国家农产品的流通模式

1. 以日本为代表的东亚模式

东亚国家的农产品流通模式有其独有的特色，这种模式以韩国、日本等国为代表。中日韩三国的生产模式和规模比较相近，农业类型都是东亚小农经济制度的模式，人多地少，农户经营实行的都是分散模式。三国之中，韩国平均每户耕地面积最多，为 1.42 公顷，日本次之，为 1 公顷，我国最少，为 0.44 公顷。[①] 第二次世界大战后，日韩经济复苏，农业发展以农户家庭为基础迅速发展，这两个国家的农业现代化水平远超我国。日本、韩国均拥有足够成熟的农产品流通体

---

① 薛建强：《中国农产品流通模式比较与选择研究》，博士学位论文，东北财经大学，2014 年。

系，这对进一步发展我国农产品的流通有重要的借鉴作用。接下来，我们主要分析日本的流通模式。

日本于 1947 年颁布《农业协同组合法》①，规范本国农协发展。该法规定，农协不同于企业，不以营利为目的。其目的是使农协成员的需求得到最大满足，使农民的经济社会地位得以提高，最终推动农业生产力进步，带动国民经济发展。农协在各个方面为农户提供服务，协调跟踪农产品从种植信息、生产技术到最终消费的整个过程，提高了产品流通效率。从数据上看，51% 的畜产品、56% 的蔬菜、82% 的水果、96% 的大米是在农协组织的协调下流通的。② 按流通过程来区分，可以分为直销和批发。农协利用"直接销售店"，使渠道缩短，生产者与消费者直接交易的模式也即"直接销售"模式。该模式剔除了批发环节，从而使流通成本得到削减，效率得到提高。与经过批发进货环节的零售店价格相比，这种直销模式的价格便宜 20%—30%。然而，直销模式仍然不是农产品流通的主要模式，经过批发环节的流通仍占主导。

2001 年，日本颁布"中央批发市场整备计划"，预计到 2010 年，规划实行的 10 年中，全国中央批发市场要求必须改善并增加相关设施。农协在市场与非市场流通中都是最主要的运作主体。日本农协建立的基础是 1947 年颁布的《农业协同组合法》，它的全称是日本农业协同组合（JA）。日本的农民将生产的产品价格、售出日期、发货地等全部无任何条件委托给农协。农协销售农产品的做法一般是将农户生产的产品以基础农协为单位做统一集中，统一进行品质检查并进行规格分类，之后，在农协的统一安排下销售。农协除在组织系统方面有自己的优势，还在加工、运输、保鲜等技术方面具有现代化优势。

---

① 《农业协同组合法》于 1947 年制定，面临着战败后日本严峻的经济背景，以及日本地域狭小、资源匮乏的自然条件，日本的农民生活非常贫困。该法颁布以后的 10 年，政府通过各种方法鼓励日本的农民加入到农协组织中，对农民的生产、农产品的流通等各个方面予以协助。农协组织在全日本范围内不断成立，为保护日本农民的利益，为"二战"后日本农业经济的发展做出了巨大贡献。

② 程延康、徐玄芳、管士忠：《日本蔬菜的生产与流通》，《上海蔬菜》1988 年第 3 期。

在农产品批发市场中，农协是直接参与者或组织者，并且，农协还会建立独立的属于自己的设施进行加工，使农产品加工增值更方便。农协直接参与和组织农业销售环节促进日本农产品增值。

在农产品流通过程中，为使这一过程趋于成熟，成本得到降低，效率得以提升，农协建立了大量加工、冷藏、物流点、批发市场、直销店面等。日本全国农协联合会全资建立了东京都大田青果市场。农产品流通系统归属于农协，同时配备有完善的基础设施与较好的技术条件，能够及时高效地协调农产品的流通，聚集农产品，集中进行销售。

农协每年与农户签订合同，合同涵盖从生产到流通的各项服务，从而参与到从农业生产直到农产品流通的各个环节。农协与农户在长期的合作中形成了互相信任的关系与默契，农协在拍卖与销售农产品的过程中始终遵循农户利润最大化的原则，组织和议价能力得到农户的信任。成熟的委托—代理关系是日本农协组织参与农产品流通的农业模式存在与发展的基础。

在日本，农产品进行销售通常有两种类型，即市场流通和市场外流通。市场流通是指农产品通过批发市场公开销售，其价格是在批发市场上公开竞价而形成。市场外流通则是农产品不通过批发市场进行销售，价格也同样不经过批发市场上的公开竞价。主要方式包括农产品在自由市场和农产品集市上交易；农户与销售农产品的店铺进行交易，建立供销关系；农户与大型农产品加工企业建立稳定的供销关系等。相比较而言，市场流通由于经过较多中间环节，成本费用较高，在价格竞争中不占优势。市场外流通的买卖方直接接触，无中间环节，降低了流通过程中产生的成本费用，使产品的最终价格较低。目前市场流通仍然是日本农产品流通的主要方式，市场外流通要想占据农产品流通的主导地位需待以时日。

总结当前日本农产品流通模式主要有批发市场内、批发市场外流通两种表现形式：

第一，批发市场内流通模式。批发市场内流通主要是把流通对象作为市场的核心，主要进行生鲜等产品的流转，主要物流渠道是中央批发市场或通过地区批发市场来进行批发销售，或是在零售市场上进行零售。主要流通对象是农民或者是农民组成的组织或团体，例如农协。批发商也是其流通的对象。首先，当地的农民把农产品收上来，进行包装。其次，在网络市场上查询货物的价格、需要的数量等，将货物运送到各个批发商的手中。销售人员对农产品的信息进行核对和统计，明确农产品的数量、品种、产地等。最后，对农产品进行拍卖，农产品出售给出价最高的拍卖人，最终由拍卖人自行处理。

第二，批发市场外流通模式。批发市场外流通是指农产品通过直营的模式进行销售，也即不经过中间环节，减少中间商差价，使产品成本降低从而获得更大的利润。即农民直接将生产的农产品进行处理和包装，运送到终端进行零售。这种模式之前只在日本流行，随着日本大规模零售超市的日益发展壮大，该模式势必会逐步成为主导形式。

2. 以美国为代表的北美模式

北美模式的代表主要是美国和加拿大两个国家，美国和加拿大农业发展非常成熟，现代化程度很高，农产品流通体系也已经发展得非常成熟。北美模式主要是通过农业合作社，这种流通方式主要是通过中间商和工厂等环节，然后将农产品放到大型超市或连锁店进行销售。美国的生产方式主要是以家庭农场为主，美国的农场大多不低于一百公顷，规模占据世界首位。农户在农产品的销售方面非常重视，提前规划确定农产品的价格、质量等，预先会同中间商确定好交货的地点、时间，运输方式等以确保农产品的流通质量。美国经济发达，社会服务业非常完善，农场主在仓储保险等各方面可以享受到完善的服务，从而确保农产品产前、产中、产后的质量。美国的农业具备一体化的特点，从农产品的生产到零售的全部环节一气呵成。尤其是运输网络发展非常成熟和系统。美国一体化农业可分为两种形式：一种是纵向一体化，是指一个企业从生产到销售的整个流程。另一种是横向一体化，是不同的企业分别进行农产品从生产到销售过程中的环节，每个企业负责各自相应的部分，通过合同的方式进行合作，这样可以使每个企业的专业化程度更高。横向一体化的运作方式有利于企业之间的合作，企业的专业水平更高，有利于提高在市场中的竞争力，签订合同的合作方式有利于降低企业的管理成本。

　　美国农业的成功得益于美国的服务功能优于其他国家，也得益于美国组织规模大于其他国家。1810 年，康涅狄格州的农民为了把牛奶制作成奶油，并能进行更好的销售，组织了奶油生产加工合作社，这是美国第一个农业合作社，为后来美国农业合作社的开办奠定了基础。① 从此，美国农业合作社开始迅速扩张。1890 年，美国的农业合作社已经有 1000 多家，等到 1920 年年底，这一数字超过了 14000 家。金融危机爆发之后，农产品产生了供给过剩的现象。为了应对金融危机，增加农产品的销量，很多农民与合作社进行合作，占比例最高的是运输业。② 1980 年以后，亚洲和欧洲的农业发展迅速，对美国农业造成了一定的压力，为了保持农业的优势，美国农民自己组织了"新一代合作社"。1990 年以后实施改革，采用封闭成员制度，注重农产品的深加工，这种变化大大提高了农产品的价值。

　　经过近 200 年的发展历史，美国已形成一个完整的农场主合作社体系。美国的农场主合作社分为供销合作社、服务性合作社和生产性合作社三类，其中每类都包括若干种不同的合作社。供销合作社中的运销合作社主要经营鲜活农产品的运销业务，涉及的产品主要有水果、蔬菜、牲畜及乳制品。运销合作社的运销方式大致可以分为两种，一种是合作社实际从事产品的运销，并兼营加工、分级、包装、储藏、运输等项业务；另一种是合作社代表农民与购买者谈判，包括销售的条件、合同、销售价格、付款时期、产品的品质以及交货的方式等。随着合作社的发展，美国流通领域农民专业合作社的体系逐渐健全，规范得到完善，规模不断扩大。美国农业部的调查报告显示，2001 年美国共有 3791 个农民合作社，324 万社员，交易额达到 1064 亿美元。③ 其中大约有 1234 个合作社主要从事物资供应服务，约

① 唐兴霖、刘国臻、唐琪：《国外三种主流农协模式之比较》，《行政论坛》2010 年第 7 期。
② 魏威、穆久顺：《美国与我国农民专业合作社的比较及其启示》，《中国集体经济》2009 年第 11 期。
③ 薛建强：《中国农产品流通模式比较与选择研究》，博士学位论文，东北财经大学，2014 年。

1606 个主要从事销售和加工服务。在美国农产品流通过程中，通过农民合作社加工、销售的农产品占到了很大比例，由合作社加工的农产品占比达到 80%，国内粮食市场 60% 的市场份额也是经过合作社销售，合作社完成的农产品出口占到全部出口的 70% 左右。[①] 美国的牛肉销售市场中，很多州成立了专门负责销售牛肉的大型合作社，农户将生产的牛肉售给牛肉销售合作社，合作社再在市场上销售。在这样的流通模式中，农场主与合作社签订长期买卖合同，把市场风险由自身转移给合作社，农场仅进行生产。收购销售过程长期发展，合作社有了日渐成熟的商业运作模式，更倾向明显的公司化，农民专业合作社在诸多流通领域已不再是具有单一功能的组织，发展成为集团性的公司或企业，并具备了相当的经济实力。《雷顿补充法案》[②]《农业公平交易法》等法案赋予农户权利，使农户在产品流通中得到权利和法律保护。

美国农产品物流模式的特点主要体现为以下几点：

第一，多渠道流通，产销直营。将初级、批发和零售三种市场紧紧地关联在一起，通过成熟的交通运输网络，密切关注市场的变化，尽可能降低运输成本，减少货物流通的次数。除此以外，信息和网络技术的发展，为农产品提供了技术上的帮助。这些都是保障农产品销售的基础。

第二，拥有发达的期货交易市场。美国农产品的交易方式有现货交易和期货交易。这两种交易方式有些许不同，期货交易发展较早，1848 年美国就已经拥有了第一家期货交易所，如今，期货交易在美国生鲜农产品的交易中占据重要比例。美国的农场主主要通过网络和媒体来查询和了解期货的价格，通过买卖套现等期货方式，来进行盈

---

① 薛建强：《中国农产品流通模式比较与选择研究》，博士学位论文，东北财经大学，2014 年。

② 《雷顿补充法案》于 1914 年由美国国会通过并颁布，主要目的是禁止企业间进行竞争而出现的价格性市场竞争等垄断的行为。但是这一法案的范围没有把美国的农业合作社以及工会囊括在内，意味着法律同意农民可以通过合作社的方式进行一定程度上的垄断。后来的一系列补充法案相继出台，《农业公平交易法》最终明确认可美国的农民合作社可以参与各类市场销售行为，因此，农民和合作社的权益得到了法律的有效保护。

利，可以较好地降低市场风险。

第三，市场中介组织发挥极大的协调作用。美国农场主大多依托商会自己创立民间社团。比如，美国粮食行业协会，该协会主要是负责政府与农民及购买者沟通和交流，大大降低了物流费用和信息传递成本。这种中介机构不但可以为政府提供法律法规的制定和修订意见，还可以对市场进行监管。除此之外，在国际交易上，还可以协助企业进行海外扩张。

3. 以德国为代表的欧洲模式

欧洲的农业发展非常成熟，市场也非常广阔，德国、法国、荷兰等国的农业居于世界前列。组织机构既有全国性，也有区域性的，还有部分行业性的组织。各个组织在很多地方都有区别，例如名称、功能等，组织之间的管理方法和体系也不尽相同，但其创建的根本目的都是为了保障农产品的流通，保障农产品可以更好地销售。主要提供农产品到产前、产中和产后这些服务。

以德国为例，德国的农产品流通有着久远的历史。德国历史上最早的一家合作社是"黑德斯道夫信贷合作社"①，是赖夫艾森在 1864 年创立的。1889 年，《合作社法》的颁布，为日后相关法律的继续修改提供了基本框架。在当时的德国，《合作社法》无疑是德国合作社向规范化发展的制度保障。德国农业合作社保障成员利益，为各个成员的发展提供政策和管理等领域的指导。农业合作社成员可以从赖夫艾森协会得到全方位多领域的服务，提高了合作社的竞争力并使合作社的经济能够保持稳定。截至 2009 年，参与该协会的合作社已有 852 家，雇员已达 22000 名，并实现了 18 亿欧元的年销售总额。

现在，德国农业合作社已经有了完整的运作方式，非常具有借鉴意义。他们规范的制度和成熟的体系，是整个欧洲模式的重要代表。2009 年，德国已经有 2675 个农业合作社，参与人数超过 180 万人，

---

① 德国于 1845 年出现了面包合作社，将面包经营者联合在一起，共同应对市场的波动。1948 年建立贫农救济合作社，以贫困的农户为帮助对象，协助农户们生产、销售农产品。1854 年成立了福利合作社，1864 年发展为信贷合作社，并以其创始人赖夫艾森命名。此后将近 40 年里，农民合作组织得到政府的支持而发展壮大。

几乎整个德国的农民都与合作社有着密切的关联。① 在行业和地区性合作社的基础上，还有跨地区性的合作社，乃至全国性的协会。德国的农业合作社遍布于整个德国特别是德国的农村区域。在物资采购和销售等方面农业合作社对农民们起到了很大的帮助作用。在金融方面提供信贷服务，同时提供技术和生产管理等功能性帮助。德国的合作社囊括范畴非常复杂，各行各业融合在其中，但是其体系已经趋于完美。合作社分为三种，第一种负责产品的加工和物流，主要将农产品进行打包、二次处理、运输以及终端销售等。第二种负责周边服务，例如进行技术培训和生产经营管理，包括一些周边产品如机器设备、肥料、饲料等。第三种是金融服务，德国金融行业很发达，通过农业合作社衍生出很多信用合作社，农民们可以进行贷款等，具有利息低、速度快等优点。农业合作社提升了农业生产的速度，农产品的运输环节有条不紊，农业合作社主要负责流通的肉类占三成左右，谷类大概能占一半，蔬菜及奶制品约占八成。②

（二）发达国家农产品运输的发展

西方发达国家的农产品运输系统有着非常标准化和功能完善的运输标准。西方国家在农业运输方面拥有较为先进的网络技术，保证了农业运输体系的运行流畅和质量较高的性能。例如欧盟针对家禽和家畜，建立了一整套完善的交通运输系统。从培育、宰杀、区分种类到加工运送，每个环节均有相应的信息可用查询。并且所有运送到消费者手中的资料都可以得到一个明确和开放式的调查。通过学习西方国家在农产品运输系统方面诸多宝贵的经验，有助于提高我国农产品运输系统的性能和建立更为统一的技术标准。此外，西方发达国家农产品的运输系统中利用了飞速发展的网络技术和物联网技术。为建立一个完善的安全运输网络，对整个运输的组织机制做出了大量的调研，取得了许多成果。如此丰富的研究成果和实践成果，对于我们学习和

---

① 李敬锁：《德国农业合作社的历史、现状及发展趋势》，《中国农民合作社》2010 年第 9 期。

② 徐旭初：《农民专业合作经济组织的制度分析》，博士学位论文，浙江大学，2005 年。

建立自己的农产品运输网络模型奠定了基础，具有较高的学习和应用价值。

1. 美国农产品运输的发展现状

美国的农产品运输发展非常成熟和现代化，农产品在整个运输过程中可以保持较高的质量、较低的损耗。农业运输的体系比较完整，且市场化运作较为完善，市场化几乎涉及农业运输的各个环节。消费者对农产品的需求与运输系统提供的通畅、有效、便捷且安全的运输服务衔接与配合达到了非常高的契合程度，这种成熟的农产品运输体系特征主要表现为以下三个方面：

第一，农产品运输网络的基本建设非常完善。美国的交通运输网络基础设施十分先进，公路、铁路、水运等多种运输网络相互交织，形成了一个综合性、框架式、网络型的运输系统。针对各种运输模式的相互衔接，政府积极参与和出台各项文件和制度，对有效解决运作过程中出现的各种问题起到了纠正作用。美国自然环境广阔，东西、南北的跨度都很大，政府对于基础设施的大规模投入效果显著，目前美国的高速公路几乎普及大小城市及偏僻的农村，美国各州，均可以实现高速公路的直接到达。美国的各个大型农产品集散中心、农产品加工的相关工厂厂房和农产品仓储中心几乎都有专门的公路和铁路线路，运输非常便捷。农产品物流网络中涉及的储藏设施，运输工具配备和改良，信息传递设施的更新换代等同样日新月异，整个农产品物流系统的发展已经非常完备。

第二，针对农业的信息平台发展成熟。农产品的流通在美国分为期货和现货两种形式。美国农民的上网率高达80%以上，买卖双方的农民都会利用各种网络信息进行农产品的具体交易。利用期货的方式进行流通的农民主要通过芝加哥期货交易所来了解农产品的具体市场波动状况；利用现货流通形式的农民则可以借助非常多的农产品咨询网站和相关的信息公司获取相关的资讯。美国政府对农业信息网络平台非常重视，利用大笔投资建立起了一系列的农业信息系统。美国农业的信息平台系统可以实现农业信息的发布、查询、交易等功能。政府可以利用此平台发布相关的业内市场交易信息、农产品品类的生产态势、价格走势、相关的技术信息等，可以对整个农产品的从业各方提供相应的指导和管理的职能。从事生产的农民也可以借助此网站发布产品的即时生产数量、质量、品种、价格以及相应的需求信息，可以提供给消费者或者相关的监管部门相应信息。农产品的信息系统参与者非常广泛，各个农产品的售卖企业，各个农产品的买方消费者，农业的管理部门均已实现有效的链接，甚至已经跟加拿大和欧盟的国家实现连通，可以更大更广范围内实现信息互通。消费者可以依靠这个信息系统，查询和跟踪有关农产品的信息，可以相应地保证农产品交易过程中出现的安全问题。正是有了这样相对成熟的信息平台，农产品的市场信息交流通畅，市场反应速度加快，对整个农产品交易成本的降低产生了有利的影响。

第三，农产品运输的服务型特征显著。在政府的强力支持下，农民的需求一旦产生，就会有相应的服务提供方出现。农产品运输的流程非常透明，农产品的流通各个环节均有翔实的监控指标。农业合作社在农产品的流通过程中起到了重要的桥梁作用。美国的农产品接近一半的交易是由于合作社所提供的服务。同时，各个行业的协会及时关注农民的发展状况，并努力为他们争取利益。政府对于农民的具体生产不予管理，但是对于农产品的相关生产信息和交易信息却会及时提供指导。美国农业部门每年有大量的工作人员定期去往生产一线，调查研究每一种农业品类的生产情况，并且在信息平台上适时更新。政府和行业协会对农产品生产的各种安全技术和质量检测已经非常成熟，可以帮助农民保持产品的安全性。同时，他们还会帮助农民协调各种公共资源，使农业顺利发展。政府会鼓励各种新技术和新工具的采用，定期举办各种新工具的展示和交易会，推动农民在具体经营过程中接受和使用新的生产方式，对提高农民的生产效率起到了积极的作用。整体而言，美国农产品的市场发展比较成熟，与该市场的服务型特点密切相关。

2. 加拿大农产品运输的发展现状

加拿大幅员辽阔，东西距离较长。铁路和集装箱的使用非常频繁，也因此建立了较为成熟的铁路货运系统。长距离运输中，铁路与公路的配合非常密切，公铁联运的方式非常普遍。同时，由于加拿大东西海岸分别与太平洋和大西洋相邻，海运的发展也起步较早，历史发展比较悠久。铁路和公路与水运的结合非常密切，集装箱的使用已经非常普遍。目前的加拿大农产品运输网络发展较为成熟，具体表现出以下特点：

第一，运输地理位置跨度大，多式联运的方式发展较成熟。由于加拿大在自然地理的形态方面表现出东西、南北的距离跨度较大，因此，长期以来，铁路在长途运输过程中承担着重要的责任。由于运距长，也进一步促进了农产品运输中集装箱的使用和发展。而集装箱的发展同时促进了集装箱的相关配置以及相应的集装箱码头的建设和铁路长途运输中转枢纽的进一步完善。如加拿大的两大港口中，拉辛港口与铁路联运密切，而且大部分的货物均利用集装箱运输；万特木港口同样开展海铁联合进行跨国货物的运输，集装箱和其他形式的运输各占50%。加拿大的运输需求主要集中在南部五大湖的区域，因此，加拿大与美国北部的运输公司进行多方面的合作，使铁路运输线路和转运枢纽进一步拓宽。加拿大第一条超越州界限的铁路是太平洋铁路，该公司联接加拿大东西部，对加拿大西部经济的发展起到重要的作用，如今它也直通美国几个重要的大城市。加拿大全国的内陆运输线路和设备也已经发展成熟，大量的内陆转运枢纽，可达成铁路与公路的相互中转，并同时可实现与港口运输的有效连通。加拿大通过购买多家美国的运输公司，进一步形成完整的北美洲运输网络。如今的加拿大，无论是公路挂车，还是集装箱的投入都大大地促进了整个北美运输网的多种运输方式，体现出多种新技术的多式联运的特征。

第二，新技术促进了综合运输网络的发展。加拿大交通管理部门对开发全国性铁路、机场、公路和码头的网络信息系统进行了大力、长期的投资，新的信息技术得到大规模、大面积的运用。整个运输信息网络四通八达，不仅使单一的运输体系内部信息得到及时、自动的反馈，提高了运行效率，同时也促进了各种运输方式之间的衔接更加流畅，为综合运输的发展提供了有利的基础。先进的信息技术也运用到对运输工具的检测和协调、各种运输设施的具体施工过程中，具体的运行管理工作反应更为敏捷和快速，提高了运行的效率。

制冷技术的发展使农产品中易腐类产品的长距离运输成为可能。在此之前，多数的易腐类农产品主要依靠常温方式进行运输，且对于运输的距离和时间都有不同程度的限制。加拿大的冷冻设施推陈出新，适应鲜活农产品和其他品类的农产品的不同冷藏要求和品质保障要求。加拿大几家大型的农产品销售公司都具有完整的冷链运输体系，相关的冷冻信息会及时传递到公司的信息系统内共享，便于公司内部员工定时查询储藏箱内产品的气体、湿度、温度等信息，把握运输流程。同时也为消费者和供应商了解产品信息提供了极大的方便。因为低温冷藏设备的大规模配置，农产品的流通在一定程度上降低了农产品流通过程中的成本。

汽车挂车的技术和集装箱技术的发展解决了各种运输方式变换时装卸等转运造成成本增加的问题。早期出现的汽车挂车的技术，可以使各种挂车灵活地用于公路运输和铁路运输中。这一创新性的技术使公铁转换更为方便，替代了转换中原有大型起重机的使用，开始了多式联运发展的新起点。由于加拿大东西边境濒临太平洋和大西洋，国际远洋运输需求旺盛，集装箱技术的发展将内陆运输与海洋运输衔接起来，现代化的运输网络因此得以快速发展。随着集装箱技术的不断发展，运输的需求也同样持续攀升，双层集装箱技术投入到铁路车厢改造中，独特的双层专列应运而生，极大地提升了货物的运载水平。铁路公司还与其他运输公司进行合作，免费承担集装箱的回运。与此同时，铁路方面获得了在回程中铁路进行货运的权利。此举创新式地让以往集装箱空箱回运的问题得到妥善处理，进一步促进了综合运输的发展。

第三，政策的不断完善与调整对整个农产品运输网络起到支持作用。加拿大的运输政策由国家运输管理部门制定，该部门综合管理所有运输方式，因此在制定政策的过程中会综合考虑各个运输方式的协调发展，同时还考虑到运输与环境的共同发展。在一些特定的高速公路投入建设前期，政府会派出专业的工作人员对该路段的环境做出考察和监测。针对周边的植被和野生动物生存的区域做出保护措施，确保施工并投入使用后，植被未被破坏，而专设的野生动物道路也将保护野生动物不会受到伤害。相关的路牌配备标准详细具体，对来往的车辆提供安全警示信息。加拿大的运输政策经历了较长时期的发展，才逐渐走向完善。最初的运输政策强调逐渐地减弱政府的影响，逐渐提高市场的作用，竞争进入运输市场中。后来的政策重视在各种运输方式间的竞争，运输价格地制定开始放松，市场化水平越来越高，各种运输方式的市场竞争越来越激烈。进入 20 世纪 80 年代后，政策的走向开始允许所有的运输模式之间以及各个运输方式内部的市场竞争，市场化得到更进一步深入发展。但是加拿大政府仍然保留有对于关乎国计民生的运输公司补贴的政策，比如针对西部粮食运输的补贴，保证了粮食从西部及时地运往全国。

　　加拿大政府通过了一系列的支持性政策和法规，对农产品的具体流通和发展提供了政策保障。如新商业风险管理项目、农产品投资项目、农产品稳定收益项目、农产品保险项目、农产品灾区援助项目等，从对农民进行资金帮助，确保农民收入的稳定收益，并对产生的损失进行弥补。对于特殊原因如各种自然灾害造成的损失通过保险的形式进行赔偿。加拿大政府还促成农业部门和工业部门的合作机制，通过两大部门的专家代表之间的定期会面，对农产品的生产组织、法律设置、技术革新、仓储设施建设、流通中转站和港口建设的技术等涉及农业方面的各种可能问题进行高峰论坛。目的在于为农民的生产、农产品的流通、市场的买卖等各个环节保驾护航，确保农民收益持续稳定增长，运输企业不断革新技术和设施，运输全网优化而形成规模效应，消费者"产地到餐桌"的需求得以满足。

　　3. 荷兰农产品运输的发展现状

　　货运行业和农业在荷兰的农业经济中都占有非常重要的位置，是支撑整个荷兰经济的重要支柱，荷兰国内生产总值的30%是货运业的产值，该行业的产值在农产品当中占20%。由于荷兰的自然环境十分适合农作物的生长，且处于欧洲的中心位置，优越的地理位置使荷兰的货运得以蓬勃发展，荷兰在农产品流通发展方面有很多优秀的经验值得我们借鉴学习。

第一，成熟的农产品物流基地。公路运输是欧洲地区农产品运输的重要方式。在荷兰，超过30%的农产品和食品采用货运车辆运输。同时，荷兰的农业物流基地都是根据各地的不同特点构建的，类型繁多。运营农产品流通最为著名的两个物流基地，分别是鹿特丹港和斯希波尔飞机场。鹿特丹港不仅有发达的集疏运体系，同时也拥有完善的基础设施来组成运输网络。港口辐射范围很广，众多水果种植园和农产品种植园都在港口范围内，鹿特丹港将超过50%的农产品流转到国内及世界。斯希波尔飞机场承担的主要是荷兰享有盛誉的花舟的运输和出口。除这两个主要基地外，承担水果流通的弗拉辛港，负责冷冻食品流通的埃姆斯哈芬港，从事水产品买卖的埃姆伊敦，各自都有明确的分工。同时，荷兰的另一个流通特色是地下物流。丰富的地下运输系统有利于分散地面运输的压力，同时也能尽量确保鲜活产品送达不会晚点。

第二，冷链运输技术世界领先。荷兰是世界上人均制冷最大的国家，国家的冷冻总体量也居于世界先列位置。荷兰的生鲜产品大多经过冷藏处理，得益于发达的冷藏技术，荷兰的农产品在货运途中少有损耗，这一概率远低于其他国家。发达的冷藏技术，是荷兰农产品保证新鲜的关键，也为农产品的运输提供了重要保障，有利于农产品的储藏，这是荷兰农产品较高销售量的原因。

第三，需求快速反应的农产品物流供应链。效率高、安全、快速的物流系统，为荷兰向周边地区和国家输送新鲜农产品提供了便利。也同样是农产品新鲜和保障品质的关键因素之一，荷兰的农产品市场基本可以确保运输的高效性，从而可对市场的供需作出及时的调整。

（三）运输为视角发达国家流通模式的启示

在运输理论中，国外对这一领域的研究相对于国内较为全面，定性和定量研究均有。农产品运输问题研究最早起源于美国，美国和日本这两个国家遥遥领先于世界其他国家。1946年美国成立交通运输与物流协会，该协会主要职责是将运输领域的各个专家汇集起来共同探究运输理论，建立起运输理论的体系。近几年来，这两个国家对运输理论体系的研究持续增长，政府也非常支持和侧重对运输网络体系展开更深入的研究。因此，美国交通运输业发展快速，为农产品流通体系的完善奠定了基础。日本的交通业同样十分发达，也成立了与美国运输物流协会相类似的机构，这些物流机构从事运输理论方面的研究，开展一系列相关学术活动，提高了人们对物流体系的重视程度。在这些协会指导下，日本政府通过了农产品运输的一系列政策，提高了农产品运输在市场上的地位，日本的农产品运输物流体系得以完善。由于农产品运输发展的程度关系到农产品行业的质量和利润，1997 年，日本政府通过了《新综合运输施政大纲》，这一规定的出台意味着日本交通运输行业发展进入了新篇章，进一步巩固了交通运输行业的地位。

美国农业十分发达，因而对运输行业有较高的需求和要求。在美国公路网还不够成熟的阶段，运输农产品主要依赖于铁路网来完成。自从进入 20 世纪以后，公路网越来越发达，美国各个街区和各个城市之间都接通了公路运输轨道。美国大力修建公路，有效帮助农产品找到了运输渠道，让农产品能够通过公路快速运输到市场上，防止农产品腐败导致农场亏损。因为运输方便快捷，能够快速运走大部分冷藏货物，让这些生鲜货物快速运送到消费者面前，供消费者挑选购买。1950 年后，美国冷藏市场上的大部分货物都是通过公路运输完成的，铁路运输反而成了次要运输方式。但是 2000 年以后，公路运输出现了诸多问题，全球汽油价格上涨，公路运输价格越来越高，公路运输的车辆尾气排放，容易造成环境污染问题，这一系列问题的出现，导致人们将目光重新转移到了以往被忽视的铁路运输上，铁路运输重新出现在公众视野，走出了发展低谷。铁路运输相对公路运输较慢，不够方便，导致铁路运输曾经经历了长时间埋没。但铁路运输相对公路运输更加安全环保，更符合当今人们的时代要求，因此重新被人们所重视也是时代所需。为解决铁路运输慢这一问题，铁路运输部门抓紧时间修建快捷冷链运输渠道，其中当属 UP 公司和 BNSF 公司在这方面最为著名。这两家公司实行的都是冷藏快运渠道，最大优点就是能够让农产品在最短时间内被送到市场上，且经过冷藏链运输能够保证农产品保鲜度。此外，铁路公司积极和货源企业等开展合作，签订合同，希望能够缩短货源生产地到货物销售地的时间，让整个过程实现无缝对接。其他运输企业也在不断寻找发展机会，希望能够跟铁路企业相抗衡，争夺铁路企业的市场，1950 年之后，因为石油价格持续不断走高，公路运输成本不断上涨，迫使人们放弃了跟公路运输公司合作。面对这一现象相关企业积极寻找新思路来解决公路运输中的限制，有些公路运输企业还与铁路企业展开合作，以期实现公路运输和铁路运输的互补。随着公众越来越重视环保问题，铁路运输将会取代公路运输占据主要地位，公路运输作为铁路运输的补充也会成为一种新发展趋势。

由上述分析可知，自从运输这一概念产生之后，农产品运输这一概念也随之诞生。农产品运输这一概念诞生于美国，但是，在日本得到了广泛发展，日本学者建立了农产品运输管理体系，意味着农产品运输研究走向成熟。美国政府发布了农产品配送报告，这一研究意味着运输研究的开端，运输研究成为学者的研究热点，1932 年，克拉克韦尔德也研究了这一主题，认为交通运输有利于实现农产品价值，也有利于满足消费者对农产品的要求。总结美国和日本两个国家的特点及其给我们的启示如下：

1. 发达国家农产品流通的特点

第一，美国运输鲜活农产品主要优势在于美国实行的一体化农业制度。美国农业一体化为农产品的收购、运输、加工等环节形成了一个有机整体。正因为有这样的一体化作业方式，美国农产品运输效率大大提高。美国的物流十分高效，在美国甚至可以看到这样的局面，早上某农产品从田地里收割回来，晚上这一农产品就已经摆在了消费者的餐桌上。一体化的流通形式有横向和纵向两种形式。横向一体化相对来说松散一些，因为不同的经济实体是通过合同约束的，纵向一体化是让一个企业全部承担农产品生产、加工、销售业务，但是将这些作业过程全部交给一个企业来承担，虽然能够提高企业获利能力，但是不利于参与市场竞争，也不利于优化企业的作业流程，因此农产品运输不能全部交给一个经济主体负责，美国政府鼓励各个运作主体联合起来共同承担物流链中的一部分工作。

第二，日本的农产品流通十分发达，而鲜活农产品流通依据的主要形式为市场流通形式。日本政府十分关注扶持批发市场发展，希望能够通过完善批发市场建设，让其适应时代需要。因此在日本，建立了以运输鲜活农产品为中心的物流体系。日本的农产品运输速度非常高效，但是市场流通效率相对较低，而市场外流通因为在运输过程中减少了中间环节，大大提高了物流运输效率，再加上市场外流通也有利于降低物流成本，因此近几年，在日本政府的大力扶持之下，市场外流通逐渐发挥出了更重要的作用。随着时代不断发展，市场外流通也将变得越来越重要，并逐渐成为运输鲜活农产品的发展方向。

第三，在保护农民利益方面，美国和日本的农民合作组织起到了重要作用。该组织以农民利益为出发点筹办工作。当然，农产品运输问题一直是该组织面对的关键问题，有了组织保障，大大提高了物流效率。这些组织积极和一切威胁到农民利益的行为作斗争，切实保护广大农民群众的核心利益。整体来看，美国的农民组织和农民的联系相对松散，日本的农民组织和农民的联系相对密切。说明日本非常重视扶持农业的发展，将农民的利益放在首位，日本政府将与农产品销售有关的业务都托付给了农协，并对农协的发展给予各方面政策的支持，这样的环境显然非常有利于农产品物流的发展。我国也应该深入研究和学习这种管理模式，将更多权力下放给农民组织。

2. 发达国家的发展带给我们的启示

在前文中，我们对东亚流通模式、北美流通模式及欧州流通模式进行了分析，发现这些模式处于不同地理位置，国家文化理念各不相同。但是这三种方式彼此联系，有很多相同特征，比如美国的流通模式中，运输系统对农产品的发展意义巨大，很多农产品生产厂主都依赖于多种方式的运输体系运输货物。随着经济的发展，自然和市场的资源需求会促使过去单一的运输流通方式逐渐向着相互融合、相互衔接、优势互补的多式联运模式演化。从运输视角看农产品流通，多式联运势必会成为未来发展的重要趋势和方向。在我国大力发展综合运输的政策导向下，恰逢"一带一路"倡议、大数据、"互联网＋"等物流新态势，多式联运在具体实施过程中有了更大的可行性和发展空间，为我国农产品流通模式的发展提供了重要的启示与借鉴。

首先，转变物流运输模式。当前我国实行的物流模式运输效率很低，而且管理十分粗放。我国的物流市场很广，若不重视物流行业强化管理，将会导致大量成本浪费，阻碍我国的经济发展步伐。结合我国的具体情况，通过进一步学习欧美和日本的物流运输模式，鼓励和引导农产品企业在交通运输方式与低能耗运输工具方面合理选择，制定合理的路径线路，实现一体化农产品物流管理。我国也应该向美国学习，尝试使用铁路和公路相结合的运输方式，使海运、铁路以及公路和航空运输相互衔接，提高农产品的运输效率。

其次，优化农产品运输网络，促进多式联运模式发展。物流基础设施的建设具有周期长，回报率低，而且还需要大量投资的特点，光靠政府扶持远远无法满足物流基础设施建设需求，特别是我国西部地区。我国西部地区物流运输体系发展速度较慢，当地政府财政较为紧张，无法在物流基础设施建设中投资，导致当地物流基础设施发展缓慢，因此，引进民间资本、物流企业资本，出台一系列优惠政策，吸引资金不断涌入到物流基础设施建设中。不仅如此，政府还应该鼓励公路、海运、铁路相结合，采用这种新的运输模式有利于降低运输成本。在我国"一带一路"的发展背景下，中欧班列物流组织的日益成熟，我国与沿途各个国家之间的经济贸易日趋活跃。国家间在铁路、口岸、海关等各部门的合作也日益密切，这些有利条件，将会推动以铁路为主的多式联运模式的发展，在我国进一步发挥国际农产品流通中发挥出重要的作用。

再次，明确政府职能，应该协调好政府和市场的关系。过去，我国实行的是计划发展模式，政府在管理中的地位很高，抑制了市场的作用。未来，政府应该适当将权力放给市场，让市场来调节资源配置。政府和市场之间并不是对立关系，可以形成优势互补，最关键的问题应该放在两者关系该如何定位上。在当前的社会中，究竟哪些工作该交给政府处理，哪些工作该交给市场处理，政府必须要做到心中有数，并做好安排部署工作，这样才能有利于市场更快发展。选择合理的体制组织，不仅有利于降低物流行业的运营成本，还可以提高物流行业的管理效率，当前日本、美国等发达国家物流模式取得如此规模的成功，其关键在于这些国家能够明确自身定位。政府的责任在于协调发展、统筹规划、制定标准和数据调研。设立一个综合的协调机构，比如水陆空、邮政、相关行业协会，推动多式联运体系的发展。调配统筹产业发展政策，建立政府与市场的对话机制。改善运输环境，降低农产品在运输过程中的成本。日本、美国、欧洲等发达国家的农产品流通模式，这些农产品流通模式的存在有效促进了农产品流通改革工作。

最后，进一步完善法律制度，为农产品物流运输产业的发展保驾护航。通过分析日本和美国先进的物流管理经验我们可以看出，农产品流通系统的健康发展，必须要有完备的法律法规做保障，要有财税金融政策的大力支持。2008 年，政府发布《国家粮食安全中长期规划纲要（2008—2020 年）》，提出将加快发展以散装、散卸、散存和散运为特征的"四散化"粮食现代物流体系，降低流通成本，提高粮食流通效率。2010 年 7 月 28 日国家发改委发布《农产品冷链物流发展规划》，从标准体系、基础设施建设、信息安全等几个方面明确了农产品冷链物流发展的七项主要任务。2014 年国务院发布《物流业发展长期规划（2014—2020）》，一系列支持和促进物流业发展的具体措施相继出台，政策环境持续改善。针对物流业成本和损耗较高的情况，也有一些相关的课题提出了决策参考。在物流业面临"互联网＋"、智慧物流新态势下，催生了一批新模式、新技术、新业态，发展动能加速转换，急需系统的、现代的政策支持与配合。当前进一步加强法律体系建设，同时应该加快金融改革，在市场上创造良好的金融环境，让农产品物流能够保持现有的发展速度，为农产品流通的发展创造良好的法律、政策环境，提供全面的法律、政策保障，充分发挥运输在促进农产品流转中的作用，让农产品运输能够得到更快发展，夯实我国农业大国的身份。

二　国内发展现状

（一）我国农产品的流通模式

1978 年以后，我国的生产经营模式发生变革，过去实行的家庭联产承包责任制，转变为现在的农产品流通体制，新物流流通体制的核心以市场为中心。改变了国企在农产品运输过程中的垄断地位，推动农产品流通走向市场化，让市场带动农产品流通的发展。经过了40多年的发展历程，当前的农产品流通模式越来越完善，新农产品流通模式已经建立起来，推动我国农业走向现代化。但是，我国现在建立的农产品流通模式非常落后，原因在于长期受到城乡二元结构的影响，农村的生产力水平远远不如城市发达，导致我国农产品流通现代化水平十分低下，需要为农产品流通支付较高的流通成本。流通基础设施建立不完善，信息化水平较低，信息不对称现象严重，市场准入门槛较高，农民进入市场困难。这些问题严重困扰着我国农业的发展，更困扰着我国农产品流通体系的发展。农民收入水平较为低下，相对于美国等国家，农民属于中等收入群体，而我国的农民属于低收入群体。农产品价格随市场波动较为严重，农产品安全问题困扰着每一个中国群众，这些现象抑制了农业发展速度，拉大了我国农村和城市的差距，阻碍了我国农业走向现代化。因此本书着重分析我国农产品的流通模式，希望能够给我国农业发展带来启发。

我国农产品流通模式经过多年发展目前已经初步成形，并逐渐由青涩迈向成熟。农产品流通体系主要包含农户、批发商、合作社、企业等多个群体，这些群体在农产品流通中发挥着重要作用。在农产品流通体系中，运输的一部分产品为未加工的农产品，还有一部分产品为初级加工产品。从我国的现实情景来看，农产品从产地运输到消费者餐桌上经历了很多环节，在这些环节中，各个流通主体都需要收取回报作为营业收入。我国长期实行的流通主体为农户、收购商、零售商、消费者，有些时候在这些环节中还有加工企业。农户负责生产，农产品收购商负责从农户手中收购农产品，零售商负责从收购商手中购买农产品，然后将商品零售给消费者。随着时代发展，一些新颖的农产品流通模式也出现在市场上，比如农超对接模式，这种模式是农民直接将生产的农产品销售给超市，这样有利于缩短农产品流通环节，让保持农产品新鲜，也有利于减少中间商赚差价，增加农民收入，而超市也获得了更新鲜的农产品，消费者能够品尝到更新鲜的农产品，可谓一举三得。除此之外，还有电子商务直销模式，农民将自己生产的农产品挂到电子商务平台中，消费者可以通过电子商务平台下单，农民根据消费者的下单量，将农产品打包交给物流企业，将农产品直接送到消费者手中。这些新颖的物流运输模式给农产品发展指明了方向，下面我们将从农户角度出发，主要介绍五种农产品销售模式。

1. "农户 + 市场"模式

这种农产品流通模式是一种直接流通模式，农户将生产的农产品不经过任何中间环节直接交给消费者，减少了中间环节压缩利润，有利于消费者尝到更新鲜的农产品。农户在跟消费者做交易的时候，往往通过农贸市场等平台完成交易，但是在这种模式中，农户和消费者之间的关系很薄弱，大多属于一次性交易。如果消费者在消费过程中受到欺骗，农户很有可能翻脸不认账。在这个过程中，农产品运输所消耗的成本大多由农户自掏腰包，农户自己出资将从田地里摘下来的农产品，经过长途运输到达农贸市场，农户自己负责销售农产品，赚取利润。无论是县级地区还是乡镇地区大多都有这样的农产品交易市场，由各地农民自发销售农产品，各个小区的居民前往农产品交易市场挑选农产品。这些农产品市场采取的交易模式为面对面交易，交易市场规模不大，消费者大多是周围的居民，因此农民在直接把握市场信息上存在困难，无法根据市场上对农产品的需求而调整生产。加之农业生产存在滞后性，消费者短时间内对某种农产品需求量较大，但经过一段时间之后，对某种农产品需求量将会降低，这也是农民无法掌控的。在这种流通模式中，因为没有中间商，农民和消费者关系密切，但是这种农产品流通模式只存在于城市郊区、落后农村、落后乡镇，小农小户的农民倾向于通过这种交易模式销售农产品，它的优势在于能够保证农民获得最大利益。

"农户 + 市场"模式更接近于古代的传统农产品流通模式，在这种农产品流通模式中，单个农户承担着重要角色，他们不仅负责生产农产品，而且还要负责将农产品从生产地点运输到销售地点。但是，因为这种模式相对较为分散，再加上消费者大多是周围的居民，因此，这种流通模式无法运输大量农产品，只能小批量运输农产品，导致农产品销售效率和流通效率都很低。除此之外，农民还需要花费大量时间和精力在如何运输农产品和销售农产品上，再加上消费者对农产品鲜活性的要求较高，如果采用这种运输模式将降低农产品运输效率，也会让农产品很难卖出。这些不确定性增加了农户风险，市场具有高度不确定性，这种流通模式只是农产品流通的最低级模式，不符合我国农产品的未来发展趋势。

2. "农户+经纪人"模式

这种生产模式也是一种常见的生产模式，指的是农民在收获农产品时，将农产品委托给经纪人，经纪人负责给农民找商户，让商户来收购农民的农产品。部分经纪人负责在农产品和市场间操作经营，充当中介身份。经纪人的出现，有利于农民将手中的农产品销售出去，也有利于市场接受更多农产品，从而实现农产品的快速销售，保障农村经济发展。这种模式下农民和经纪人之间联系往往较为疏远。我国从事农业的农民大多为小农小户，农民没有很多农产品，因此在市场上的地位较弱。加之农民地缘分布分散，限制了农产品流通，更限制了农民获利。经济人这一身份的出现，降低了农民和市场的信息不对称性，也是时代的必然选择。随着改革开放步伐的逐步深入，农村市场日益完善，农产品收购方式也发生了巨大的变化，过去农产品销售模式为统购统销，现在农产品销售模式转变为了市场化销售。一部分手中有资源或者是眼界开放的农户站了出来，他们负责牵线农产品和市场，身份也摇身一变成了经纪人。农民经纪人主要任务是连通农户和市场。经纪人不仅负责将农产品销售给市场，而且还负责给农民传递市场信息。

市场上最缺乏哪类农产品，农产品的最佳物流渠道，哪片市场农产品售价最高等这些农民较难获取的信息因为经纪人而得以及时传达给农民。如果农民在生产中遇到技术问题，也可以向经纪人寻求帮助，经纪人一般出身于农民，比较了解农民和农产品的特征，知晓农民需要什么信息，特别是偏远地区，经纪人的身份就更加重要。经纪人可以带动农村经济，让农民获得更多收入，提高农民地位。在偏远地区，农民跟市场信息通讯受阻，合作发展水平低，这些经纪人大多掌握着市场信息，是信息的"二传手"，他们能够将市场上的信息反馈给农民，虽然这些经纪人数量较少，但是他们往往具有先进意识，能够把握新鲜事物，也具备投机思想。经纪人为了获得更高收入，还会给农民提供物资，指导农业技术，因此导致农民经纪人身份的复杂性。目前市场上合格的经纪人数量很少，这些经纪人大多和中介机构有联系。我国的农产品市场还不够完善，经纪人这一角色没有得到人的重视，身份略显尴尬，发挥的作用也不太明显，因此"农户＋经纪人"模式还存在很多问题，这一问题主要体现在以下几点：

第一，经纪人独立经营，势单力薄。经纪人是在市场机会下诞生的群体，没有严明的组织，没有纪律约束，导致这些经纪人处于混乱竞争状态，提供的服务也千差万别。第二，经纪人只是相对农民眼界开放一些，自身实力相比中介机构还差得很远。这些经纪人手中资金有限，无法扩大规模，提供的服务有限，难以满足农民需求。第三，经纪人出身农民，素质大多不高，没有受过良好的正统教育，有些经纪人因为当地经济发展落后，甚至连小学学历都没有，甚至有些经纪人有些不识字，不会使用手机上网，限制了经纪人从市场上获得信息，掌握市场动态。第四，经纪人协会没有行之有效的手段约束经纪人行为。当前市场上对经纪人这一身份虽然认可，但是经纪人协会普遍发展规模小，制度不完善，这也限制了经纪人作用的发挥。第五，外部环境限制了经纪人发挥作用。部分地区领导干部思想观念落后，不认为经纪人能带动农村经济发展，也不认为经纪人能带来多大价值的信息，因此对于经纪人这一群体不够重视，任其自生自灭，再加上当地政府对这一现象也不够重视，没有采取科学有效的手段保护经纪人，导致农村经纪人队伍不够庞大，还很弱小。

3. "农户＋批发商"模式

这种模式在农村十分常见，农户没有运输工具，消息闭塞，往往会选择和批发商合作。在农产品收获期，批发商会进入农村，挨家挨户收购农产品。这种收购模式的特点为批发商到农产品主产区进行收购，接着通过批发市场将农产品销售给零售商，因此批发市场聚集了大量农产品。在这种农产品流通模式下，农户和批发商之间的关系非常疏离。农户只有通过与批发商合作，才能够让农产品进入市场中，这种模式是农产品流通的主要模式，在很长一段时间内，我国农民依靠的都是这种模式。

例如，我国东北地区农产品批发市场中批发商的蔬菜大多是从山东运输而来，为了能够从山东购买蔬菜产品，他们会在山东找到一个农户，让该农民负责挨家挨户收购各类蔬菜，然后将蔬菜装车，经过长途运输到东北地区，该农民可以收到运输蔬菜的提成，提成根据市场价格发生变化。有些批发商负责收购多种类型的蔬菜，主要依托东北地区市场需求的变化。还有一些批发商专门经营某一种蔬菜。比如，冬天对大白菜的需求量比较多，这些批发商就只运输大白菜，出售大白菜。部分农户每年会生产大量大白菜，这样农民就会选择直接和东北市场合作，在大白菜收获季节，将大白菜全部收购，直接运输到东北地区，除掉了小贩在中间赚的差价，提高了农民获利能力。"农户＋批发商"按照合作的不同又可以分为两种模式：

一是在农户和批发商之间存在中间小贩。农户不直接和批发商合作，在农产品成熟后，农户会将农产品储存起来将其销售给小贩，或等待小贩来收购。小贩收购一定数量的农产品之后，会安排运输工具，将这些农产品运往东北市场，交到批发商手中。批发商收集大量小贩运出来的农产品后，将农产品分别运输到各个零售商手中，而零售商通过店铺将农产品销售给消费者。该种流通模式是最常见的农产品流通模式，最大特点是农民对于中间小贩依赖程度过高，如果小贩没有收购农民的农产品，将会导致农民农产品积压，给农民造成损失。

二是在农户和批发商之间不存在中间小贩。造成该种模式出现的主要原因是农业集群，即当农民生产某种农产品量过大的时候，或者某种农产品在一个地区已经形成规模，随着规模不断扩大，当地会建立批发市场。因为当地农产品生产量较大，当地农产品生产链较为成熟，农户能够以较低的成本直接进入市场与批发商进行交易。但是这种模式的特点之一是农户跟批发商关联疏松。造成农户和批发商关联不大的原因是因为农产品具有季节性，只在某个季节，农户会和批发商达成交易。过了季节，农户和批发商建立起来的交易联系将会消失。这种低频率交易不利于农户和批发商建立长期合作关系。还有一个原因是生产该种农产品的农户数量较多，批发商在选择农户的时候往往会选择将价格压到最低的农户，批发商可以在市场中自由挑选交易对象，导致农户和批发商的关系不佳，因此农户和批发商没必要建立良好联系，批发商也不认同这种关系。

由此可见，该模式虽然是未来市场上的主流模式基础，但是也存在着很多弊端：首先，农户的数量很多，批发商的数量也很多。农户和批发商作为这种模式的主体，组织化程度低，给农产品流通造成困难，打击了农民信心。随着农产品交易次数增多，农产品交易成本也不断增加。其次，因为农民和批发商的合作关系不稳定，批发商具有随意选择农户合作的可能，导致农民和批发商之间的利益冲突非常激烈，农民和市场的信息不对称程度高，批发商想要赚更多利润，所以批发商会联合起来，打压农产品的收购价格，批发商的这些做法让农民收入风险加大，也让农民处于利益最低端，受到市场的剥削。最后，随着流通环节的参与主体增多。有一些劳动身份重叠，这些现象也增加了农产品流通成本，降低了农产品流通效率，最终导致农民从农产品流通中分得的收益较少，农民的利益被其他利益方严重侵占，最终压力全部转移到消费者头上，消费者不得不花费更高成本购买农产品。

4. "农户＋龙头企业"模式

该模式指的是农民将生产的农产品交给当地龙头企业加工，或者交给当地龙头企业销售给其他市场的农产品流通模式。龙头企业指当地集中生产某类农产品的企业。这种流通模式中包含两种合作形式：第一种合作形式是农户将产品直接销售给当地龙头企业，产品的销售价格为市场价格，但这种销售模式创造的价值有限，对农民的保护力度不大。第二种合作形式是农民希望能够跟龙头企业建立长期合作关系，跟龙头企业签订合约，确定农产品销售价格和订购数量。通过这种合作模式能够降低农民在交易过程中面对的风险，学术界将这种合作模式称为合作农业。国家十分重视扶持这种合作模式的发展，其合作模式也是学术界所关注的，因此这种合作模式具有较强研究价值。

"农户＋龙头企业"有利于促进农业产业化。也就是说，这种合作模式明确了龙头企业和农户各自需要承担的任务，农户需要负责的任务就是生产农产品，而龙头企业负责的任务就是按照一定价格收购农产品。通过签订契约方式，将农产品的收购量确定下来，有效地明确了利益分成和风险承担原则。早在20世纪初，当时市场上的农民合作方式还在初步发展阶段，其他中介组织发展还满足不了农民需求，这一现象催生了"农户＋龙头企业"的合作土壤，增进了农户和当地龙头企业的合作，该模式也成为农户和龙头企业合作的主流模式。

在市场中，农民更倾向于选择龙头企业合作，主要原因在于如下几点：第一，通过这种合作模式，农户能够稳定地将自己生产的农产品销售出去，龙头企业大多是当地农村发展水平较好的企业，农民对这些企业了解较高，没必要再在市场上寻找批发商，降低了盲目合作产生的风险。有了龙头企业作为合作对象，有利于农民获得更高收入，也有利于农民降低交易过程承担的风险，让农民生活更加稳定。在这种合作模式中，农民跟龙头企业建立契约关系，双方就农产品的销售价格和农产品的销售量做出明确界定和部署。这样有利于降低农民在产品销售中面对的风险，但是这种模式的最大缺点是农民失去了自由销售权利，只能将农产品销售给龙头企业。虽然有利于降低农民承担的风险，但是有可能会让农民的潜在收入降低，这就是跟龙头企业签订合约所需要承担的机会成本。第二，通过这种合作模式，农民能够将更多精力放在生产农产品上，有利于提高农民生产农产品的质量和规模，也有利于切实提高生产经营效率，而龙头企业负责的任务是将农产品销售到其他市场上。除此之外，龙头企业还能给农民提供信息支持和资金支持。第三，通过龙头企业和农民签署协议，增进了农民和龙头企业的合作关系，农民也可以通过资本入股的形式入股龙头企业，年底获得分红，将有利于拓展农民收入渠道，让农民获得更多收入。

当然，对于这种合作模式来说，龙头企业也是受益方，在这种合作模式下：第一，龙头企业能够获得稳定的农产品供给，双方交易价格在签订合约之前已经商量完毕，有利于防止市场原材料价格变动造成的风险。随着企业不断发展壮大，对原材料的需求量越来越多，这里的需求指的不仅仅是对原材料数量的需求，还指的是保证原材料质量的需求。企业漫无目的地向市场广泛购买农产品，将会导致收购的农产品质量降低，而通过签订合约的形式有利于筛选高质量客户。必要的激励措施，也有利于这些企业收购的原材料满足质量要求。第二，通过这种合作模式，不仅能够给农民带来更多收入，也有利于扩大龙头企业的生产规模、拓展龙头企业的经营范围、改变原有的单一生产模式、增加农产品销售业务，有利于龙头企业获得更多利益，拓展更大市场。第三，相对于其他商品，农产品非常特殊，无法像工业产品那样实施工厂化生产模式。农产品必须要种植在农田里，经过农民悉心培育才能成长，如果龙头企业也参与到种植农作物上，不仅需要花费大量精力，还容易导致规模不经济。主要原因在于参与农产品种植，需要企业花费大量管理成本和作业成本，因此，对于龙头企业来说，最好的合作方式是和当地农户合作，从农户手中购买农产品，这就像工业生产中的外包一样，外包有利于降低产品价格，还可以提高产品质量。

该种合作模式在农村十分普遍，随着农村经济发展，市场逐渐意识到这种合作模式的好处。这种合作模式能够让农民直接参与到市场竞争中，也有利于改善当前农业产业结构，推进农业走向产业化发展。随着这种合作模式进一步发展，"农户+龙头企业"的合作模式也引发了一些现实问题，有学者在研究中表示，采用这种合作模式造成的违约率很高，甚至能高达80%。[①] 从根本上讲，实行这种合作模式主要有以下两方面问题目前还无法解决：第一，合约不平等；第二，农户和龙头企业履约困难，违约成本低、治理成本高。合约不平等指的是在刚开始签订契约的时候，龙头企业和农户就处于不平等地位。农户因为实力弱小，掌握的信息太少。而可供龙头企业选择合作

① 刘凤芹：《农地制度与农业经济组织》，博士学位论文，东北财经大学，2003年。

的农户数量太多，导致农户不得不跟龙头企业签订不平等条约，龙头企业会将交易过程中的一切问题都推给农民，将一切利益据为己有。针对这一方面的问题，我们可以从以下几个角度来分析：首先，双方存在信息不对称问题。龙头企业在市场上的发展规模较大，与外界存在业务往来，龙头企业要比农户掌握更多信息，他们了解政府的政策扶持信息，也了解当前市场上的供需关系，因此在信息上，龙头企业处于绝对优势地位；而我国农民思想意识落后，农村网络不发达，农民普遍教育水平较低。他们也有接收信息的渠道，但是接受信息渠道较少，无法准确分析市场上的这些信息的客观性，也无法从中汲取对自己有利的信息，导致农民手中握有的信息量较少，在跟企业谈判的时候处于劣势地位。其次，龙头企业与农户之间存在权利失衡问题，因为在交易过程中，农户和龙头企业的规模相差悬殊，权利相差悬殊，这些导致了双方交易不平等。① 龙头企业和农户谈判的时候，处于绝对优势地位，拥有定价权，而农民因为不了解市场上的农产品销售价格信息，在谈判的时候也不会为自己争取利益。相对于这些分散的实力弱小的农户，龙头企业掌握更多资源应用，商品销售渠道，即使部分农户不愿意跟龙头企业合作，龙头企业也可以通过威逼利诱等手段，迫使其他农户将农产品销售给龙头企业。因此，对合作方挑选来说，龙头企业处于绝对优势地位，他们可以自由选择能给他们带来更多价值的农户合作。除此之外，农户实力太弱，分布又比较分散，也不懂得联合起来，共同和龙头企业谈判，商量一个合理的价格和合理的收购量，保证自己利益。即使有一些农户不满意于和龙头企业的这种不平等条约，拒绝和龙头企业合作，对于龙头企业来说也不会造成什么损失。而农户不得不承担严重后果，他们需要另外选择其他批发商或龙头企业合作，只要农户不聚集起来，共同抗议龙头企业的不公平行为，龙头企业绝对不会自觉在合约上让步，将更多利益让给农户。因此，"农户 + 龙头企业"合作模式中，信息掌握少、规模小、地位弱小的农户必定需要攀附龙头企业，这就导致农户丧失了选择权

① 张闯、夏春玉：《渠道权力：依赖、结构与策略》，《经济管理》2005 年第 1 期。

利和议价权利，只能被迫听命于龙头企业摆布。农户也没有动力去选择适合自己的生产方式，导致农户对龙头企业的依赖程度越来越高，经营越来越缺乏自主性，只能被迫重复农产品生产，年复一年，永远翻不了身。农户在企业的控制下成为龙头企业的生产车间，这意味着农民丧失了部分经营权，也意味着在享受劳动成果中，龙头企业和农户分享的利润不平等，农户在给龙头企业工作的时候丧失了部分积极性。

履约困难和管制违约困难是这一模式的另一缺点，造成履约困难是因为农户和龙头企业追求的目标无法达到统一，农户和龙头企业分别来自不同利益主体，农户希望在合作过程中获得更多利益，龙头企业希望压榨农户利益，帮助自己获得更多利益。因此当市场上的局面跟自己理想中不一致时，龙头企业或农户就有可能发生违约。信息经济学领域理论表示，如果双方存在信息不对称环境下，有可能会引发逆向选择和道德风险。前者指的是在交易过程中拥有更多信息的人会利用信息优势为自己谋取更多利益，但是这种牟取利益往往以侵害另一方利益为代价。在"农户＋龙头企业"合作模式中，明显龙头企业拥有的信息更多，但是农户拥有的信息量较少，用户不仅不了解市场上的农产品价格信息，而且不具备收购商信息，这样龙头企业就有可能诱惑农户签订不平等合约，保障自己利益。但是反过来，农户也有可能隐藏一些龙头企业不掌握的信息，这样会导致双方交易风险进一步提高，面临道德风险。道德风险指的是龙头企业这样信息拥有量较多的企业会利用这些信息隐藏部分信息，比如说市场价格等方面的信息，想办法为自己谋利，侵害农户利益。双方签约后，各自的行动本身就是不透明的，隐藏行动就有可能发生在这种不透明模式下，如果农户察觉了龙头企业的隐藏行动，就有可能会导致违约。为了防止违约行为发生，往往跟激励机制结合起来，这样合同签订就变得很复杂了。因为市场上存在信息不对称，再加上有关部门对合约履行情况的监督力度不够，导致双方很容易因为信息问题而发生违约，在签订合约之前，想要确定一个详细的交易合约必须要经过大量数据分析和市场调查。因此，为了降低合约签订费用，只能签订一个粗糙的合约，这就导致有一方不愿意履行约定。在实践中，往往会发生这样的局面，龙头企业为了自身利益，想办法打压农产品价格，将农产品价格压到最低，而农户为了维护自己利益会隐瞒产量，这两种方式既不违背合同内容，也能够保护自己利益。在履行合同时，农户自身不具备农产品等级评价本领，因此农产品究竟归属于哪个等级必须要受龙头企业指示，而龙头企业可以借用自己这种信息优势故意打压农户的农产品评级，也就是让农户的农产品价格降低。农户实力弱小，不具备和龙头企业的谈判权，而龙头企业掌握着利益分配主动权，等龙头企业陷入经营困难窘境时，部分企业甚至罔顾农户利益，想把风险转移给农户，这样农户不仅无法通过销售农产品获得收入，而且有可能损失全部利益。农户生产信息只有农户自己了解，龙头企业也不了解农户的生产信息，而想办法获得农户生产信息必须要付出昂贵代价，因此农户在市场农产品价格上涨的时候可以隐藏产量信息，将部分农产品以较高价格售出。

"农户＋龙头企业"这种流通模式难以履约还跟外界因素有关，主要是因为农产品价格不稳定造成的。农产品价格不稳定主要跟市场需求和风险有关，但是本质上来说，农产品价格波动主要跟市场供给有关。市场上的农产品价格变化波动频繁，而农户做出生产某种农产品的决定，往往受到市场价格影响，比如说某种蔬菜的需求量上涨，价格上涨，农户就会倾向于生产这种蔬菜，这就导致了市场上农产品价格变动。同时，农产品生产还受自然环境影响，如果自然灾害频繁，会影响农产品产量，进而影响农产品价格。当自然环境良好的时候，农产品产量升高，农产品的价格会下跌。若是合同价格超过了市场上的农产品收购价格，龙头企业就倾向于少收购农民的农产品，多向市场收购农产品；反之，若是合同价格低于市场上农产品的收购价格，农户就倾向于将农产品更多地销往市场，因此农户会虚报农产品产量，不按照合同约定的农产品数量将农产品销售给龙头企业，而是将部分农产品放到市场上销售，那就容易导致农户和龙头企业发生违约行为，原本签订的合同变成了一纸空谈。

违约治理困难主要是因为治理违约花费的成本代价太高。农户和龙头企业的违约都属于部分违约，部分违约是因为信息不对称造成的，农户或龙头企业会选择隐藏部分信息完成违约，但是查询这部分隐藏信息需要较高成本代价，而另一方龙头企业或者农户无法证实这种行为，因此没办法对发生违约的一方进行惩治。比如说农产品的市场价格高于双方在签订合同时商量的价格，农民就有可能故意虚报低产量，将更多产品销售到市场上；若是农产品的市场价格低于双方在签订合同时商量的价格，农民就有可能故意虚报高产量，从市场上购买农产品销售给企业。总体来看，这种违约行为是十分恶劣的，严重地侵害了农产品企业的利益。除此之外，即使某一方违约，履约方想办法证实了对方发生违约行为，但是因为管制违约成本代价太高，而履约方又想跟违约方继续合作，导致履约方不得不放弃对违约方的惩罚。例如，当用户发生违约行为的时候，因为合同上白纸黑字签订了双方的收购价格，龙头企业可以凭借合约起诉农户，要求农户赔偿自己，但是农户数量分散，规模较小，想要起诉很多农户，也需要花费时间，还需要花费成本，再加上龙头企业下一年还要继续跟农户合作，导致龙头企业会选择放弃对用户的起诉。若是龙头企业发生了违约行为，农户也可以按照合同约定起诉龙头企业，要求龙头企业按照合同约定的价格赔偿自己，但是农户的法律意识薄弱，再加上雇用律师需要花费资金，而农户下一年还要继续跟龙头企业合作，这些也打击了农户起诉龙头企业的积极性。况且有些情况下是农户自身发生的违约，因此农户也会放弃起诉龙头企业，这就导致治理违约成本较高，合同很难履约。

因为"农户＋龙头企业"这种合作模式有很多漏洞，因此人们又推出了新合作模式——"农户＋农民专业合作社＋龙头企业"。过去是农户和龙头企业直接合作，现在农户和龙头企业之间又加入了新环节，看起来让商品流通变得更加困难，但实际上是对之前合作模式的修改和完善。后一种合作模式相比前一种合作模式没有从根本上改变龙头企业和农户的工作，但是龙头企业不再直接和农户合作，而是通过中间的合作社来完成合作。合作社是由农户自发组织的，它可以将大量农户集中起来，将有利于减少以前龙头企业对农户实力弱小的印象，合作社要求农户仍按照订单要求生产产品，等到农忙季节，将农户生产的农产品收购起来，然后组织统一销售。这种合作模式下，各个利益方承担的工作如下：首先，合作社和龙头企业签订约定，在约定中明确指出收购的农产品数量，收购的农产品质量和需要达到的指标，然后合作社带着这份合约寻找合作农户，让农户生产农产品。其次，在生产农产品的时候，合作社负责指导农户生产农产品，当农户需要技术和资金扶持的时候，合作社应该充当负责人，指导农户生产，保证农户能生产出合乎质量要求的农产品。最后，龙头企业负责验收农产品，合作社负责监督，保证龙头企业不能故意压低农产品等级。

该种合作模式的优势表现在三个方面，首先，合作社是由农民自发组成的，代表的是农民的利益，合作社和龙头企业签订合约有利于降低交易成本，也有利于防止龙头企业和合作社隐瞒信息，实际违约。这样有利于合作社和龙头企业搭建长期合作关系。其次，单个农户的实力很弱，但是若是将他们联系到一起，变为专业合作社，那农户的实力将会大大加强，农户可以通过合作社的形式和龙头企业抗衡，在谈判的时候也能掌握主动权，更多地照顾自身利益。最后，合作社的本质并不是为了营利，而是为了更多地照顾农民，协调农民和龙头企业的关系，防止农民或龙头企业为了自身利益发生违约，保障农民利益。虽然说合作社的数量越来越多，发展水平还是比较低，再加上合作社内部管理混乱，经营机制差，因此，发展合作社实力，增强合作社的内部管理能力，是未来工作的重点。

5. "农超对接"模式

农产品"卖难"是农户面临的主要困难，这一现象奠定了农超对接模式出现的基础。这种模式有利于改变农业生产模式，让我国传统农业转变为现代农业。通过有关数据调查发现，亚洲地区经营农产品的超市数量高达70%，但是，这一数字还低于美国80%的比例，而我国经营农产品的超市数量只有15%。2008年后，农业部和商业部联合发布了相关政策，鼓励实践农超对接模式的新合作模式，在部分地区建立了试点工作，希望能推行农产品生产方和超市销售方的对接，这一合作模式因此在各个地区流行起来。提高了农产品流通速度，减少了大量中间环节，有利于农民通过这种合作模式获得更多利润。相对于其他合作模式，农超对接合作模式成为市场农产品流通的重要模式之一，这种合作模式减少了收购方、零售商、龙头企业的参与，让农民获得更多利润，又有利于超市购买更多价格低廉的农产品，消费者也可以以很低的价格购买到新鲜农产品。

这种对接模式指的是超市因为具有销售农产品的经营权，可以通过自身市场优势和信息优势，参与到农产品收购中，给农产品生产、流通提供指导，帮助农民带来市场上的农产品价格变动信息，负责将农民生产的农产品运输到超市中销售，还可以给农民提供市场需求的相关信息。这样有利于将小农小户和大市场联系起来，通过超市这个纽带，农产品可以直接从农户手中销售到消费者手中，让农民获得更多收入。① "农超对接"合作模式特点如下：超市直接和农户对接，或者是直接和合作社对接，中间不再有其他农产品流通环节。农产品从田地里采摘之后，直接运输到超市中，供消费者挑选购买，完成采购过程。在这种合作模式中，超市掌握市场信息，掌握着技术优势和资金优势，因此超市可以为农户提供资金支持、信息支持等多方面支持，直接将农产品运输到超市，减少了中间流通环节，也减少了中间商赚取差价，有效对接了农户和消费者。消费者可以以低廉的价格购买农产品，还可以享受到新鲜的农产品的美味，而农户也可以通过这种合作模式获得更多利润，让农产品销售价格更高。该种流通模式是对传统流通模式的优化，也是未来的主流流通模式，能够大大提高农产品流通效率。

随着超市数量在我国越来越多，这种销售模式也发展壮大起来。大中城市的连锁超市数量越来越多，吸引了很多农民进入农产品销售阵营中。而国家也积极推行农改超运动，这些措施引发了农产品流入超市中，奠定了农超对接的基础。这种销售模式能够将分散的小农小户联系起来，让他们直接和大市场对接，有利于将这些农产品直接送

---

① 姜增伟：《农超对接：反哺农业的一种好形式》，《求是》2009 年第 12 期。

高了采购比例，将原来只有 30% 的采购比例提高到 50%，有效地提高了农业主的利益空间。实行该种销售模式的最大优点主要有以下四点：其一，农产品能够直接和超市完成对接，减少了农产品流通环节，有利于降低流通成本，还有利于农产品销售更好的价格，更有利于实现对整个生产过程的管控，保证生产的农产品质量合格标准。其二，对于超市来说，也非常倾向于选择这样的合作模式，因为这种合作模式能够将农产品直接从生产地运输到超市中，供消费者挑选的农产品质量合格而且是新鲜的。有利于大大提高消费者对农产品质量的满意度，也有利于提高超市在其他超市中面前的竞争实力。其三，对于农户来说，跟超市签订协议有利于保障农户利益。有超市作为后盾，农民可以防止因盲目生产而导致的农产品积压，给农户造成风险。其四，对于消费者来说，消费者能以更低廉的价格购买到更高质量的农产品。再加上农产品质量监管力度强，让消费者吃到的食物能更放心。

但是这种合作模式也存在缺点，首先，其中最大的缺点就是很多超市不具备直采能力，因为采用直采合作模式需要耗费较高运输成本，大部分超市都选择等待农户将农产品送货上门的合作模式。其次，很多农户生产的农产品数量少，农户地理位置分散，农民生产的农产品不一定符合超市要求的质量。再加上农民为了提高农产品产量，过量使用化肥农药，这些问题严重制约了农超对接模式发展。也让超市不再信赖农民，不愿意和农民合作。最后，这种合作模式中，农户和超市的利益是冲突的，超市希望能以低廉的价格购买到农产品，还希望能保证农产品质量，而农户则希望以较高的价格销售农产品，同时希望超市能够收购自己生产的所有农产品。双方为了维护既得利益，难免会想办法打压对方利益，这样就影响了农户和超市的长期合作关系，最终导致农户和超市的利益共同受损。

6. 小结

经过多年的实践探究，农产品流通模式现在已初步稳定。通过本书研究分析来看，我们知道了主要的几种农产品流通模式。当前的主要流通模式还是收购商做中间商的流通模式。在这种流通模式下，由收购商把关农产品质量，农民主要负责将农产品生产出来，然后卖给中间商，中间商主要负责将收购的农产品卖给零售商或者超市，超市和零售商负责将农产品卖给消费者。在这种层层递增的收购环境中，农民的利润被压到最低。

拿蔬菜流通举例，在蔬菜流通中，蔬菜需要被菜农生产出来，经过产地中间商收购之后，运输到市场批发商手中，市场批发商负责将蔬菜运输给销地中间商，销地中间商负责将蔬菜运输到零售商手中，零售商利用手中资源将蔬菜售卖给消费者。上述过程经历了很多不必要的中间环节，在这种合作模式下，蔬菜流通渠道成员因为自身规模较小，再加上掌握的信息较少，往往具有盲目生产的倾向，导致生产的蔬菜有些情况下会面临销售不出去的危险。在这种销售模式下，中间商主要负责的任务是转卖蔬菜，从田地里刚刚生产的蔬菜经过多个环节，早已经被加价了很多，让消费者被迫承受较高的蔬菜价格，而菜农获得的利润也很低，有的菜农还需要承担因生产的蔬菜数量过多，无法及时销售出去的危险。这种流通模式打击了菜农和消费者的信心，也让消费者和菜农十分排斥这类销售模式。

本小节的分析可知，这些流通模式各有各的优点，也各有各的缺点。我们应该吸收这些流通模式的优点，让农民在市场上具有更多选择。当然，目前市场上的主要流通模式还是传统流通模式，在这种流通模式中，农户因为实力弱小，处于绝对劣势地位，他们不得不承担低廉的收购价格，还要承担产品销售不出去的风险，更要承担天灾人祸等风险。这种流通模式需要经历多个中间商，流通效率很低，无法保证农产品质量。对农户而言，减少流通环节的成本尤为迫切。从涉及主体来看，减少流通过程中的参与主体对农户降低成本会有较大影响。在主体以外，降低流通环节的成本则重点体现在降低农产品物流成本方面，尤其是运输过程中产生的成本和损耗。因而以运输为视角，降低运输环节的消耗、改善和创新运输的模式将是未来农产品流通模式创新的发展方向。

（二）我国农产品运输的发展

1. 发展概述

我国的农产品运输发展经历了新中国成立前、新中国成立后和改革开放后三个阶段。新中国成立前，铁路和公路里程少得可怜，全国大部分道路为土路，交通运输极为不便。长距离运输非常困难，大部分的短距离农产品运输形式是利用扁担。农产品运输的发展尚处于非常低端的状态。在新中国成立后，国家交通部门组织大量人力物力，重点解决农村公路的问题。农村因为没有公路导致大量的农产品运输障碍，农民辛苦种植的产品得不到通畅的运输、售卖，严重挤压影响了农民的收入和农业的发展。

自改革开放以来，农产品的运输得到大力发展。商品经济的引入，市场的逐步活跃，进一步扩张了农业运输的需求性。大量的产品需求促使我国铁路、公路和水路的总里程增长迅猛，截至 2014 年年底，我国铁路总里程已达到 11.18 万千米，公路里程 446.39 万千米，内河航道里程达到 12.63 万千米，国际航线里程达到 463.7 万千米。在运载工具方面，运输车辆和船舶投入使用的数量持续加大，到 2014 年，全国铁路机车有 19990 台，铁路货车拥有 710127 辆，民用载货汽车 2125.64 万辆；民用机动运输船 154974 艘，民用驳船 17003 艘。全国港口货运量持续增长，2013 年铁路运输的货运量 321614.27 万吨，其中粮食和棉花 10883.3 万吨，水路货运也得到迅速发展，主要港口货运吞吐量达到 728098 万吨，其中粮食运载全年达到 15835 万吨。① 农产品运输数量的不断递进，进一步促进了对农业的大力投入，从而促使农产品的产量大幅度提高，由供不应求转化为供大于求的状态，新的运输需求出现。

2. 发展特点

目前，我国的农产品运输正处于产出货物和运输能力之间的不平衡态势，同时各种农产品在流通过程中的高成本和频繁曝光的质量问题，暴露出农产品运输体系在基础设施、组织建设、技术革新和运输体系标准化和网络方面存在的弱点。

---

① 我国在 20 世纪 50 年代从苏联引入综合运输的概念，主要目的是要研究和实现运输方式协同发展的建设问题。因历史原因交通所属组织分散无法具体实施，直到 2008 年我国大部制改革，将交叉的部门合并，交通部统一管理所有运输方式的部门。各部门有了组织的统一部署推动，铁路、水路、公路、航运的发展都非常迅速。

第一，我国农产品运输的基础设施较为落后。我国农产品运输的需求和交通运输能力发展的不平衡主要表现在我国农产品运输的基础设施发展滞后。农产品运输需求和最终货运数量之间在运输大发展的2014年仍存在17亿吨的缺口。农产品如蔬菜水果存在明显的淡季和旺季，旺季时铁路运输计划无法满足强烈的运输需求，而公路运输超载现象严重，严重损害了公路设施在安全范围内实际能够承受的运输能力。

农产品进行交易的方式较为传统和落后，较完整的农产品运输电子信息平台尚未形成。农民和消费者以及承运者之间的信息不平衡、不透明、不完全。农民无法明确获得消费者需要的产品种类陷入盲目生产，最终导致产出滞销，农民收入无法保证。消费者无法对产品种类进行多方面选择，无法对产品的质量进行科学判断，只能依靠经验和感觉，高价格购入的产品却不一定满足真正的需求。承运者无法及时掌握市场上相应农产品的具体地点、具体时间、具体农户的运输需求，不能满足农产品快捷运输的要求。传统的运输表现出低效率，农产品流通的过程主要依靠人力，质量的监控同样电子化水平低下，处于农产品流通链上的各个参与者需付出较多的精力和时间，工作量虽然大，但结果的可信赖性却不高。一个全国范围的农产品流通信息平台需要中央政府和地方政府以及各个相关部门的相互配合和投入才有实现的可能。同时，农产品的电子商务目前处于初始阶段，在电子商务迅猛发展的今天，农产品的发展有着良好的趋势。但是农产品的质量安全监控的现代化，农产品流通的各环节信息可追踪性，电子交易系统的安全和完善亟待进一步发展。

第二，农产品运输流通不通畅，运输网络系统化低。农产品自身具有较为独特的自然属性，其季节性和地域性造成了全国范围内农产品的生产呈现出不平衡性。交通运输在我国的发展也同样具有不平衡性，东南部沿海区域经济发展较为先进，运输发展也同样比较先进。而我国地域跨度极大的西部和西南部地区的经济发展水平较落后，其交通运输也同样发展滞后。城市和农村之间也同样存在交通运输发展的不均衡现象。相关的物流公司、铁路货运和公路货运等组织大多设立在经济较为发达的城市和地区，该区域内的农产品运输发达。而有些偏远的农村，自然环境却很优良，农业产出非常丰富，由于交通运输条件的落后，导致产出的农产品无法及时销往外地，农民遭受损失巨大。农产品的运输主体目前主要有三种形式，大量小规模的、散乱的农民个体运输是主要方式，第三方物流运输公司也开始介入农产品运输，以及一些民营物流运输公司也在承担农产品运输。组织化程度较低的农民个体，无法顾及农产品运输的系统化，运输规划程度低，盲目性高。

第三，农产品运输新技术的使用成本高，损耗严重。农产品在运输过程中因为各种原因，会有大量的产品在路途中损耗，接近1/3的损耗率给农民造成了沉重的负担，也给消费者带来较高的价格转嫁。在运输过程中，大部分的农产品未经过加工，以自然状态进入了常温运输。与此同时，在运输途中的储藏方法、放置和装卸的方式不够科学，必然会产生较高的耗损。比如，农产品在进入运输环节前，首先需要进行相应的加工，分类整理，去粗取精。但是，因为我国的农产品产地、种类、质量等因素各地区间存在较高的差异性，具体实行过程中，这部分工作较为薄弱。正是预加工，分级整理的缺失，才导致了如此高比率的损耗产生。同时，制冷技术要投入使用必定会相应提高对运输工具、运输条件的要求，从而提高了成本，限制了农产品运输的全国性流通。我国运输工具的冷藏车厢数量低，成本高，导致那些零散的小农户主动规避其使用。作为运输农产品的主体，这些小农户普遍采用敞篷车等常温运输工具对农产品进行运输。仅仅通过自然风，利用棉被，放置冰块这些措施无法完全控制车内的温度和湿度变化，运输距离越长，自然会出现越高的损耗。只有不到30%的个体农户会选择使用密闭型箱体汽车进行公路运输，隔热车、冷藏车或者集装箱的使用多限于大型的物流公司。降低新技术的使用门槛，技术的成本降下来才能促使大规模的分散农民个体主动使用先进运输工具和引用先进技术，降低整个农产品运输环节中的成本。

第四，农产品运输的统一标准欠缺。我国农产品的运输管理在很长一段时期是被多个地区和部门分割开来，分别进行管理的。参与标准制定的各个政府部门涉及铁路、公路、航空、信息产业等多个单位。组织之间沟通难度大，很难做到相互配合和协调。农产品流通标准未形成统一规划导致标准不一致甚至相互冲突。如何界定和区分不同等级之间的标准，相关的法律条文存在许多千篇一律的空话，更谈不上与国际标准统一。对于运输前的分拣、分级、分品类、包装、预冷等预处理的标准不够完善和统一。这一过程基本上依靠人的主观经验进行，造成运输和销售过程中出现的各种耗损出现。运输过程中各类农产品对运输工具、温度和湿度，以及车辆振动，中途装卸的标准也参差不齐，即使是大型的农产品运输企业，也无法做到满足统一的运输标准。部分运输的企业在收购农产品时尽管可以做到对相关产品清洁和分类，但如何控制所收购产品的内部成熟程度以及如何检测产品的农药残留的标准，企业没有统一的标准。在运输初期，企业和农户多数采用纸箱进行初步包装，但这种包装在进入超市卖场前，几乎会被重新进行分拆和二次包装。初次包装的农业产品无法直接进入卖场，这方面我们与欧美和日韩差距较大。目前超市卖场的农产品已经有相关的编码，如何将编码的标准贯穿于农产品流通的各个环节，使农产品从田间到桌前的每一过程都可实现有据可查，是未来农产品流通发展的艰巨任务。

第五，"绿色通道"网络的发展使公路运输成为主要运输模式。1995 年国务院纠风办、交通部、公安部为落实保障"菜篮子"工程，提出为确保城市农产品的消费和使用，在公路运输线路中开辟出专门的通道用来运输生鲜农业产品。该法规内容规定：对于整车运输生鲜农业产品的车辆可采用优惠政策。减免这些车辆的通行费、减轻农民的负担。并且采用"不扣押，不卸载，不罚款"的措施，进一步降低了农民的运输成本。自 1995 年起，全国先后建成了总里程达到 1.1 万千米，穿越全国 18 个省（市、区）四条蔬菜运输绿色通道。到 1995 年 5 月，寿光至北京的第一条绿色通道顺利开通并运营，这是中国的第一条蔬菜运输绿色通道，实现了寿光蔬菜直接送达北京市场的无间断销售，当时北京市场 1/4 的蔬菜都来自寿光。2005 年，《全国高效率鲜活农产品流通"绿色通道"建设实施方案》颁布，确定了总里程达 2.7 万千米的国家"五纵二横"的运输网络。生鲜农产品运输网络建成后被命名为"绿色通道",针对合法的整车生鲜农产品免除通行费的征收。2009 年,交通运输部提出在全国范围内对农产品运输车辆免收通行费的建议,同时制定了《鲜活农产品目录》。2010 年,绿色通道的辐射范围进一步扩大,品类界定的范围也进一步增加。生鲜蔬果、鲜活水产品、活的畜禽,新鲜的肉、蛋、奶等均被纳入减免的范畴。农产品绿色通道已经扩展到全国性的收费公路,形成了一个全国性的生鲜公路运输网络。地方各市交通部门也都从稳控物价、关注民生的大局出发,把鲜活农产品运输"绿色通道"保畅工作纳入日常工作进行常态化管理。鲜活绿色通道运输网络的形成和发展,使农产品的运输承运人因为绿色通道的独特优势而选择公路运输的方式,使公路运输成为目前国内的鲜活农产品运输的主要方式。

第三节　国内外研究综述

在对我国农产品流通模式进行归纳分析之后,我们发现,农产品流通的成本较高、效率较低是目前国内外农产品流通过程中普遍面临的问题。研究显示,在构成这一问题的各个环节中,农产品在产出和消费者获得之间的这一段过程中产生的成本消耗和时间等占比较高。这一环节中对成本和效率影响最大的部分是运输环节。国内外的研究显示,一个高效的运输网络是解决这一问题的关键。在"一带一路"倡议背景下,信息技术的高速发展,我国运输系统面对新形势、新业态,多式联运的有效衔接可行性越来越高。多式联运可以综合各种运输方式的优势,避免各种运输方式的劣势,实现优势互补,无缝连接,会对提高农产品流通的效率产生重要作用。因此,本书以运输为视角,立足于对多方式运输即多式联运系统的研究展开,对造成成本较高、效率较低的原因进行探究和分析。

一　国外研究综述

美国和欧洲的多式联运政策内容在很多方面是不同的。在欧洲,多式联运多年来一直是政府重要的政策目标之一，但在美国作为一项政策目标却仍然是一个新事物。原因在于美国联邦、各州以及当地政府的政策各不相同，要想统一各方政策较为困难。从对美国和欧洲的文献来看，主要研究的方向集中在多式联运的政策规划方面、多行为主体链的管理和控制以及运输模式选择三个方面。

（一）多式联运的政策与规划研究

多式联运的发展可以看作是交通这一行业的发展，但从更大的范围看，多式联运的发展同时也是宏观经济管理控制的一种方式，如高速公路成本，降低污染和刺激当地就业等对宏观经济的影响作用。Morlok（1997）① 和 TRB（1998）② 对于如何制定政策和发布怎样的政策才能使公共主体被囊括在内提出了自己的观点。Eatough 等（2000）③ 和 Zavattero 等（1998）④ 认为，应将多式联运纳入地区发展和规划的角度，并提出了一系列的模型和程序。Anderson 和 Walton（1998）⑤ 认为，候选人若想提高政府交通类资金的使用效率，评定和优先处理多式联运是手段之一。多式联运是各项政策目标的有效支持措施这点已经取得了一致的认可，如降低拥堵和污染，提高安全性。但同时它还与空间和经济问题以及基础设施规划问题息息相关。Clarke 等（1996）⑥、卡车运输向多式联运的转换现象，表示美国社会

① Morlok, E. K., Spasovic, L. N., Vanek, F. M., "Regional Options and Policies for Enhancing Intermodal Transport", University of Pennsylvania and New Jersey Institute of Technology, 1997, No. UP08 – 1, Ⅲ – 9701.

② TRB, "Policy Options for Intermodal Freight Transportation", Transportation Research Board, National Research Council, Washington, D. C., 1998.

③ Eatough, C. J., Brich, C. C., Demoski, M. J., "A Statewide Intermodal Freight Transportation Planning Methodology", *Journal of the Transportation Research Forum*, 2000, 39 (1), 145 – 155.

④ Zavattero, D. A., Rawling, F. G., Rice, D. F., "Mainstreaming Intermodal Freight into the Metropolitan Transportation Planning Process", Transportation Research Record, 1998, 1613, 1 – 17.

⑤ Anderson, K. M., Walton, C. M. "Evaluating Intermodal Freight Terminals: A Framework for Government Participation", Southwest Region University Transportation Center, Center for Transportation Research, The University of Texas at Austin, TX, 1998.

⑥ Clarke, D. B., Chatterjee, A., Rutner, S. M., Sink, H. L., "Intermodal Freight Transportation and Highway Safety", *Transportation Quaterly*, 1996, 50 (2): 97 – 110.

已经从社会—经济学的术语中收益。他们分析由公路运输转变为公铁联运后，对高速公路安全性所产生的影响，研究结果显示多式联运的方式使高速公路重大事故率下降了1%。Jensen（1990）[①] 设计了一个公铁联运系统，这一系统与瑞士国内长距离公路运输相互竞争，二者均受到内部成本、质量的因素以及外部成本的影响。在欧洲，对于一个新的多式联运体系评价不仅仅会从其商业价值角度，还会从这一体系对当地经济发展的角度进行评价。通常与货运终端有关的活动均会围绕着物流园区［或货运村（freight village）］设计，Konings（1996）[②] 提出了一个特别的物流园区形式，该物流园区内配备有一个高度自动化的多式联运站点。在美国，通常一个新的多式联运系统会通过其创造的价值来进行评价。Slack（1995）[③] 比较了欧洲和美国多式联运在空间规划中的角色，提出美国应该把多式联运的规划与当地经济的发展目标相结合。Stank 和 Roath（1998）[④] 提出在政府参与下物流园区内可建立多式联运点，但是该设施的发展潜力需要在该体系建立之前就在厂商、发货人/收货人之间展开调研来进行确认。Barton 等（1999）[⑤] 对芝加哥地区新的或者扩展的多式联运设施的需求和潜在发展能力进行了评价。以上两个研究都显示出在物流园区内的潜在使用者中，多式联运的设施对该物流园区体现出一定的支持能力。在过去，多数的模型都仅仅用于单一的运输体系，而无法用于处理

① Jensen, A., "Combined Transport, Systems, Economics and Strategies", Swedish Transport Research Board, Stockholm, 1990.

② Konings, J. W., "Integrated Centres for the Transshipment, Storage, Collection and Distribution of Goods", *Transport Policy*, 1996, 3 (1 - 2): 3 - 11.

③ Slack, B., "Along Different Paths: Intermodal Rail Terminals in North America and Europe", In: Proceedings 7th World Congress on Transportation Research, Vol. 4. Sydney, Australia, 1995: 123 - 131.

④ Stank, T. P. & Roath, A. S., "Some Propositions on Intermodal Transportation and Logistics Facility Development: Shippers' Perspectives", *Transportation Journal*, 1998, 37 (3): 13 - 24.

⑤ Barton, J. E., Selness, C. L., Anderson, R. J., Lindberg, D. L., Foster, N. S. J., "Developing a Proposal for a Multiuser Intermodal Freight Terminal As a Public - private Partnership", Transportation Research Record, 1999: 145 - 151.

多方式运输流。直到Crainic等（1990）[1]、Loureiro（1994）[2]、D'Este（1996）[3]、Jourquin 等（1999）[4]、Southworth 和 Peterson（2000）[5] 提出了一些网络模型，可用来处理多方式运输流，这些模型暗示了货物可以通过转换点实现从一种模式向另一种模式的转换。Panayides Photis M.（2002）[6] 在多式联运组织战略发生变化的背景下，用经济学的方法（主要是交易—成本的理论）评估多式联运的组织治理结构的有效性，提出在管制与市场需求双重作用下，"一站式购物"的形式将成为多式联运发展的趋势。治理结构在多式联运中依赖于交易成本、生产成本和战略方面的考虑。国际的多式联运因为各个国家不同的法律制度而造成了诸多的障碍，Mahin Faghfouri（2006）[7] 指出，建立一个统一的国际多式联运的法律框架是非常困难的，文章概述了过去所做的努力，分析了失败的原因。提出依托联合国国际贸易委员会而起草的可持续发展的多式联运的草案，是该法律框架可能取得统一性的可能方法。Ekki D. Kreutzberger（2008）[8] 从多式联运的竞争力角度出发，认为与多式联运竞争力相关的因素为距离和时间，并通过欧洲的铁路联运的分析，得出多式联运因为规模经济的原因在成本和时间方

① Crainic, T. D., Florian, M., Guelat, J., Spiess, H., "Strategic Planning of Freight Transportation: STAN, An Interactive - graphic System", *Transportation Research Record* 1283, 1990: 97 - 124.

② Loureiro, C. F. G., "Modeling Investment Options for Multimodal Transportation Networks", Ph. D. dissentation, University of Tennessee, 1994.

③ D'Este, G., "An Event - based Approach to Modelling Intermodal Freight Systems", *International Journal of Physical Distribution & Logistics Management*, 1996, 26 (6): 4 - 15.

④ Jourquin, B., Beuthe, M., Demilie, C. L., "Freight Bundling Network Models: Methodology and Application", *Transportation Planning and Technology*, 1999, 23: 157 - 177.

⑤ Southworth, F., Peterson, B. E., "Intermodal and International Freight Network Modeling", *Transportation Research C*8, 2000: 147 - 166.

⑥ Panayides, P M., "Economic Organization of Intermodal Transport", *Transport Reviews*, 2002, 22 (4): 401 - 414.

⑦ Mahin Faghfouri, "International Regulation of Liability for Multimodal Transport", *WMU Journal of Maritime Affairs*, 2006 (4): 95 - 114.

⑧ Kreutzberger, E. D., "Distance and Time in Intermodal Goods Transport Networks in Europe: A Generic Approach", *Transportation Research Part A: Policy and Practice*, 2008, 42 (7): 973 - 993.

面较单一方式运输更显优势。Bergqvist、Behrends（2011）[①] 指出，由于内陆的货物运输主要通过公路运输实现，因此导致非持续性发展的影响，如空气污染、温室气体排放以及交通堵塞等。铁路运输因其更低的外部性使公路转换到铁路的模式出现成为可能，这种模式看上去更具有可持续性和更有竞争力。但是，多式联运的竞争力主要体现在长距离运输，因此这种潜在的模式转变是有限的。作者提出在公铁联运模式中，PPH（Pre‐Post‐Haulage）成本对总成本的效率具有高敏感性。只要提升 PPH 活动的效率，将最终提高多式联运系统的竞争力。作者依据 PPH 活动，在考虑运输车辆长度的基础上建立了一个创新、弹性的制度框架，该框架可以提升联运的灵活性，也更加环保。

（二）多行为主体链的管理与控制研究

多行为人链条是指在整个运输链条上大量的参与者分别承担着这一链条部分的组织和控制工作。所有这些参与者，需共同为托运人提供并确保货物经过及时的、无缝的行程。大量的文献从这一角度出发展开了研究。多行为人链条（multi‐actor chain）的控制和管理需要链条上的所有活动相互配合，提供适时的信息，在准确的时间沟通准确的事。这不仅仅是运输活动的日常管理，更是信息技术、标准化等方面的战略选择。信息和沟通技术（ICT）为支持复杂链合作和控制工作提供了新的可能。Hengst‐Bruggeling（1999）[②] 和 Dürr E（1994）[③] 发展了基于信息和沟通技术（ICT）的决策支持系统。Hengst‐Bruggeling 的研究主要基于战略合作的角度，而 Dürr E 则从战

① Bergqvist, R. & Behrends, S., "Assessing the Effects of longer Vehicles: The Case of Pre‐and post‐haulage in Intermodal Transport Chains", *Transport Reviews*, 2011, 31 (5): 591 – 602.

② Hengst‐Bruggeling, M. den., "Interorganizational Co‐ordination in Container Transport: A chain Management Design", *Delft University of Technology*, 1999.

③ Dürr E., "Experience with a Distributed Information Architecture for Real‐time Intermodal Tracking and Tracing", Vehicle Navigation and Information Systems Conference, 1994, Proceedings, 1994, IEEE, 1994: 677 – 682.

术合作的角度出发。Woxenius（1994）①、Taylor 和 Jackson（2000）②
测试了多式链中各个行为人的角色和市场能力。认为在这一链条上的
领导者，也就是最有能力的行为人会对整个链条的运行起到操纵作
用。他们还指出，在国际链条中，远洋货轮承担领导者的角色，而在
国内链条中，领导者是缺失的。H. Arjen van Klink 和 Geerke C. van den
Berg（1998）③ 从多式联运链条中的港口角度，研究了港口通过参与
多式联运从而开辟了新的市场，超越了传统腹地经济的范畴，刺激了
多式联运的发展。提出港务局和货物承运人进入多式联运从而提升了
竞争力，这种方式是非常具有创新性的。Wiegmans 等（1999）④ 从站
点运行者的角度出发，对其在多式联运链条上的经济能力作出了界
定。Asariotis（1998）⑤ 和欧洲委员会（1999）⑥ 调查了责任划分的问
题，发现当前的法律框架决定了多式联运承运人的责任。货物的延
迟、损失或损害的责任由于不同国家的法律以及长期固定的合同设计
而表现出拼图般复杂、令人困惑的局面。Kindred 和 Brooks（1997）⑦
提出了一个综合的责任体系，从管理多式联运的角度提出了一个复杂
的法律制度。Macharis、Caris、Janssens（2008）⑧ 指出，多式联运的

① Woxenius, J., "Modelling European Combined Transport As an Industrial System", Department of Transportation and Logistics, Chalmers University of Technology, Goteborg, Sweden, 1994.

② Taylor, J. C., Jackson, G. C., "Conflict, Power, and Evolution in the Intermodal Transportation Industry's Channel of Distribution", *Transportation Journal*, 2000, 39（3）: 5–17.

③ Van Klink, H. A., Van Den Berg, G. C., "Gateways and Intermodalism", *Journal of Transport Geography*, 1998, 6（1）: 1–9.

④ Wiegmans, B. W., Masurel, E., Nijkamp, P., "Intermodal Freight Terminals: An Analysis of the Terminal Market", *Transportation Planning and Technology*, 1999, 23（2）: 105–128.

⑤ Asariotis, R., "Intermodal Transportation and Carrier Liability", In: *Towards Improved Intermodal Freight Transport in Europe and the United States: Next Steps*. Report of an ENO transportation foundation policy forum, November 19–20, Munich, Germany, 1998: 33–40.

⑥ European Commission, "Intermodal Transportation and Carrier Liability", Luxemburg, 1999.

⑦ Kindred, H. M., Brooks, M. R., *Multimodal Transport Rules*, Kluwer Law International, The Hague/London/Boston, 1997.

⑧ Caris, A., Macharis, C., Janssens, G. K., "Planning Problems in Intermodal Freight Transport: Accomplishments and Prospects", *Transportation Planning and Technology*, 2008, 31（3）: 277–302.

规划因为所涉及的多种运输模式，多个决策者以及多种运输单元而表现得非常复杂和动态。认为决策者包括运输经营者、站点经营者、网络经营者和多式联运运营者四类。通过分别对这四类决策者在战略、战术以及时间层的具体分析提出了相应的规划方面的措施。Macharis、De Witte、Ampe（2009）[1] 将多式联运链条上的多利益主体纳入一个综合的评价过程中，提出 MAMCA（multi‑actor multi‑criteria）方法，为多式联运的多行为人在对运输方案多出决策时提供了一个评价的方法。Macharis、Caris、Jourquin、Pekin（2011）[2] 则运用运筹建模的技术建立了一个多式联运的决策支持的框架，该框架可用于评估当前多式联运系统的性能，并可用来分析政策所带来的潜在影响。该框架通过三个核心模型实现，并通过研究一个具备多式联运功能的码头最优选址案例，对其市场区域和网络性能进行了探讨。Heaver（2011）[3] 从多行为参与者的角度对港口群参与者之间的合作关系进行了研究，指出托运人和物流服务提供者的所有权都有了一定程度的扩展，通过兼并和内部航线的成长，站点运营公司和物流服务提供公司从横向和纵向两方面都进行了扩展。

（三）多式联运相关模式的选择

在西方国家，人们已经认识到，多式联运与其他的运输模式之间是存在竞争的，一个长期存在的问题是多式联运在哪个市场上是有吸引力的？或者说，多式联运与其他运输模式之间如何分享市场？大量的研究集中在运输模式选择以及当价格和质量改变时进行模式选择的敏感性。Morash 等（1977）[4] 分析了大部分美国的商品受到平板拖车或者

① Macharis, C., De Witte A., Ampe, J., "The Multi‑actor, Multi‑criteria Analysis Methodology (MAMCA) for the Evaluation of Transport Projects: Theory and Practice", *Journal of Advanced Transportation*, 2009, 43 (2): 183‑202.

② Macharis, C., Caris, A., Jourquin, B., et al., "A Decision Support Framework for Intermodal Transport Policy", *European Transport Research Review*, 2011, 3 (4): 167‑178.

③ Heaver, T. D., "Co‑ordination in Multi‑actor Logistics Operations: Challenges at the Port Interface", *Integrating Seaports and Trade Corridors*, 2011: 155‑170.

④ Morash, E. A., Hille, S. J., Bruning, E. R., "Marketing Rail Piggyback Services", *Transportation Journal*, 1977: 40‑50.

集装箱运动的影响。Harper 和 Evers（1993）①、Evers 等（1996）②、Murphy 和 Daley（1998）③、Ludvigsen（1999）④、Tsamboulas 和 Kapros（2000）⑤ 评估了托运人对公铁联运和其他运输模式的成本—质量认知的决策。多数人对所有模式相关的认知都具有时间性和有效性。研究显示，一般而言，托运人给予公铁联运的分数比公路运输更低，但比单一模式铁路运输的分数要高。而且 Tsamboula 和 Kapros（2000）提出，那些注意力集中在成本标准上的托运人是多式联运系统的主要使用者，而依据成本和质量的托运人选择多式联运的比例较低。Beier 和 Frick（1978）⑥ 和 Fowkes 等（1991）⑦ 指出，当多式联运提供较高的折扣时，由于多式联运所造成的一定程度的质量损失是可以接受的。Nierat（1997）⑧ 界定了多式联运终端的区域比公路运输更具有竞争性，他指出区域的大小取决于费用、货物的重量、折扣、铁路托运的不均衡和距离等方面。Van Schijndel 和 Dinwoodie（2000）⑨ 评估了荷兰从公路运输转变为多式联运对拥堵的影响。研究发现，大量的运输公司会选择多式联运，但它们宁愿选择夜间行驶，或者为卡车贡献

① Harper, D. V., Evers, P. T., "Competitive Issues in Intermodal Railroad – truck Service", *Transportation Journal*, 32 (3), 1993: 31 –45.

② Evers, P. T., Harper, D. V., Needham P. M., "The Determinants of Shipper Perceptions of Modes", *Transportation Journal*, 36 (2), 1996: 13 –25.

③ Murphy, P. R., Daley, J. M., "Some Propositions Regarding Rail – truck Intermodal: An Empirical Analysis", *Journal of Transportation Management*, 10 (1), 1998: 10 –19.

④ Ludvigsen, J., "Freight Transport Supply and Demand Conditions in the Nordic Countries: Recent Evidence", *Transportation Journal*, 39 (2), 1999: 31 –54.

⑤ Tsamboulas, D. A., Kapros, S., "Decision – making Process in Intermodal Transportation", *Transportation Research Record*, 1707, 2000: 86 –93.

⑥ Beier, F. J., Frick, S. W., "The Limits of Piggyback: Light at the End of the Tunnel", *Transportation Journal*, 18 (2), 1978: 12 –18.

⑦ Fowkes, A. S., Nash, C. A., Tweddle, G., "Investigating the Market for Inter – modal freight Technologies", *Transportation Research A*, 25 (4), 1991: 161 –172.

⑧ Nierat, P., Market area of rail – truck Terminal: Pertinence of the Spatial Theory", *Transportation Research A*, 31 (2), 1997: 109 –127.

⑨ Van Schijndel, W. J., Dinwoodie, J., "Congestion and Multimodal Transport: A Survey of Cargo Transport Operators in the Netherlands", *Transport Policy*, 7, 2000: 231 –241.

路线。Bärthel 和 Woxenius（2004）① 认为，公铁联运在长距离大批量货运流市场上运行良好，却不能够满足当前欧盟的运输需求。通过比较欧洲传统的多式联运能力以及短距离小批量货运流的竞争力，提出了一个"短距离小货流"（SFSD，Small Flows over Short Distances）系统，并通过瑞典的一个案例进行了分析和验证。Janic（2007）② 将多式联运的内部成本和外部成本结合起来，提出了一个计算的模型。他认为，内部成本包括运营成本和运输过程中的时间成本；外部成本则是从对运输网络的影响角度出发，包括当地和全球的空气污染、交通拥堵、噪声污染以及交通事故。Cho、Kim、Choi（2012）③ 以国际进出口集装箱为研究对象，提出了一种加权约束最短路径模型（WC-SPP），通过使用标签设置算法（一种动态过程算法）并设置可行区域，可以同时满足两个目标函数，该算法属于帕累托最优解决方案，可实现实际运输路径如从釜山到鹿特丹，以及大范围的案例。同时，该算法还比较了单一运输和多式联运路径的运输成本和时间，并实现了两者的节约。

二 国内研究综述

我国对多式联运问题研究起步较晚，研究成果比较少，研究领域多为定性，定量的研究较少。研究内容主要集中在对多式联运的发展方向、模式、发展战略方面以及相关的法律制度的研究；对承担多式联运的各个载体的研究集中在港口、枢纽选址、承运人的责任和选择等方面；近几年对于集装箱、港口、低碳运输的研究逐渐增多并且较为深入；多式联运在国内发展较晚，因此，对于多式联运网络在中国所表现出的特性、采用的方式也不乏探讨。

---

① Bärthel, F. , Woxenius, J. , "Developing Intermodal Transport for Small Flows Over Short Distances", *Transportation Planning and Technology*, 2004, 27（5）: 403 – 424.

② Janic, M. , "Modelling the Full Costs of an Intermodal and Road Freight Transport Network", *Transportation Research Part D: Transport and Environment*, 2007, 12（1）: 33 – 44.

③ Cho, J. H. , Kim, H. S. , Choi, H. R. , "An Intermodal Transport Network Planning Algorithm Using Dynamic Programming—A Case Study: From Busan to Rotterdam in Intermodal Freight Routing", *Applied Intelligence*, 2012, 36（3）: 529 – 541.

（一）多式联运的战略发展与规划研究

魏际刚、荣朝和（2000）[①] 从集装箱多式联运的角度研究，认为集装箱运输将成为综合运输发展的成熟阶段。结合对宏观经济的发展分析，进一步对影响集装箱综合运输的因素进行研究。在对全球经济的发展态势分析基础上，提出了全球运输业所面临的新要求、新标准。指出中国集装箱的快速发展，正是为适应贸易全球化发展和变化的市场环境而催生的产物。

胡正良、赵阳（2002）[②] 针对当前全球联运的承担者的责任问题进行分析，在分析全球货运在联合运输方式下经营者的责任制度应遵循的原则基础上，提出应采用的国际货物多式联运经营人责任的归责原则和责任限额，以及完善我国货物多式联运经营人责任制度的建议。

汪鸣（2002）[③] 分析了最近几年内没有相关政策出台的重要原因就是对物流这个产业的内在特征、内在机制缺乏认识。提出物流是一个产业，但同时，物流又是一个不同于有明显产业界面的产业，是复合产业。它是由多个产业、多个行业在不同的侧面共同参与的产业，所以政策的核心部分和作用点应该和制定其他产业政策有很大区别。

李堃（2004）[④] 从综合运输可持续发展的角度，提出我国未来交通发展的 A、B、C 三种模式，并对这三种模式进行分析，提出以铁路、水路主导发展的联运方式是最优的发展模式。

荣朝和（2006）[⑤] 尝试将西方的企业中间层组织理论运用到中国的运输市场中，通过分析运输市场的微观结构以及中间层组织在运输

[①] 魏际刚、荣朝和：《中国集装箱多式联运发展的宏观经济因素分析》，《中国软科学》2000 年第 8 期。

[②] 胡正良、赵阳：《国际货物多式联运经营人责任制度研究》，《大连海事大学学报》（社会科学版）2002 年第 2 期。

[③] 汪鸣：《现代物流发展中的政府作用及政策问题》，《中国民用航空》2002 年第 6 期。

[④] 李堃：《"十一五"我国综合交通运输的可持续发展》，《宏观经济研究》2004 年第 8 期。

[⑤] 荣朝和：《企业的中间层理论以及中间层组织在运输市场中的作用》，《北京交通大学学报》（社会科学版）2006 年第 3 期。

市场中的角色，提出运输服务提供商谱系示意图，还结合完整运输产品理论分析了一体化运输阶段所需要的多式联运集成商的作用。

张琦、杨浩（2006）① 从铁路集装箱内陆港的市场竞争力内涵入手，剖析了现代市场条件，提出我国铁路集装箱运输的竞争力包括成本高低、集装箱货运服务质量、运输企业的融资能力及其经验管理水平等因素。阐述并分析了铁路集装箱内陆港综合物流化运营的合作竞争战略的核心及其发展。

熊崇俊、宁宣熙、潘颖莉（2006）② 运用数据包络分析方法的相关概念和方法，建立了综合交通运输各子系统之间协调发展程度的评价模型，定量化地研究了1995—2004年度中国综合交通各运输方式之间的协调发展效度，详细分析了两两运输方式之间及综合运输系统网络的现状，并对造成此现状的具体因素做进一步研究。

张戎、黄科（2007）③ 通过对比分析西方国家与我国在集装箱联合运输的不同背景、特征和存在的不足，对如何推动集装箱联合运输的方式方法进行了探讨。提出政策、技术和组织是发展集装箱联合运输的三种主要工具，最后针对我国目前多式联运网络具体发展策略提出了自己的看法。

刘秉镰、林坦（2009）④ 针对目前全球经济环境下，我国综合运输发展的态势和存在的问题，提出国际多式联运的发展趋势将会从班轮公司逐渐将业务向陆地渗透；联运与企业生产领域逐渐整合；扩充国际化网络提高核心竞争资源；扩大拼箱比重，提高拼箱技术水平几个方面发展，在此基础上提出我国积极构建国际多式联运网络、理顺管理体制，大力发展海铁联运、水水联运的发展对策，并提出信息技术应用的重要性。

---

① 张琦、杨浩：《铁路集装箱内陆港综合物流化运营的合作竞争战略研究》，《物流技术》2006年第9期。

② 熊崇俊、宁宣熙、潘颖莉：《中国综合交通各运输方式协调发展评价研究》，《系统工程》2006年第6期。

③ 张戎、黄科：《多式联运发展趋势及我国的对策》，《综合运输》2007年第10期。

④ 刘秉镰、林坦：《国际多式联运发展趋势及我国的对策研究》，《中国流通经济》2009年第12期。

尹新（2010）① 根据绿色物流的特点，对铁路运输在短距离运输方面的缺失做出分析，提出采用集装箱的方式，进一步发挥长距离运输的优势，同时补足短距离运输的"短板"。通过运输相关技术的革新，在提出发展铁路运输的过程中重视绿色物流的发展方向才是一条持续发展的道路。

李姗姗（2012）② 通过研究美国、日本和欧盟发展低碳交通的主要政策法律措施，提出对我国低碳交通发展的四点启示；制定交通运输产业和节能与新能源汽车产业的总体战略规划作为低碳交通发展的纲领性文件；制定严格的燃油经济性标准，并进一步探索低碳燃油标准体系；实施积极的财税政策，改革现有税收制度，提高节能与新能源汽车的补贴力度和范围；构建以多式联运为核心的综合交通运输体系。

张滨、黄波、樊娉（2015）③ 提出在"一带一路"倡议背景下，要实现互联互通，交通运输行业实际上起着基础和支撑作用，而将陆上丝绸之路和"海上丝绸之路"有效衔接的交通运输方式——海陆联运的建设与发展，必将成为"一带一路"倡议的重要一环。

林坦（2015）④ 界定了物流大通道的特征和内涵，介绍了欧盟和美国物流通道的规划与布局，梳理了打通物流大通道的主要政策与措施，总结了对我国推进物流大通道建设的借鉴与启示。提出依托现有综合运输网络，适度超前规划物流大通道的规划和布局。

（二）多式联运体系内各个载体的发展研究

杨志刚（2000）⑤ 通过对多式联运经营方式中所涉及的各方利益所有人的责任和利益进行分析，尝试在多式联运具体运营者、各分路

---

① 尹新：《基于绿色物流发展铁路运输的探讨》，《铁道运输与经济》2010 年第 3 期。
② 李姗姗：《发达国家发展低碳交通的政策法律措施及启示》，《山西财经大学学报》2012 年第 1 期。
③ 张滨、黄波、樊娉：《"一带一路"背景下我国海陆联运建设与发展》，《中国流通经济》2015 年第 6 期。
④ 林坦：《欧美国家推进物流大通道建设的经验和借鉴》，《综合运输》2015 年第 4 期。
⑤ 杨志刚：《多式联运经营人责任形式与赔偿责任之关联》，《上海海运学院学报》2000 年第 2 期。

段运输承担者、货物寄出者和接收者之间找到一个责任的平衡点，最终建立各方关系的平衡原则。

郭子坚、王诺、霍红（2001）① 通过分析港口合理布局的问题，研究并提出轴辐式（Hub and Spoke）运输模式下港口布局的数学模型，并以辽宁省地区的沿海港口为例对该模型进行了较好的验证。

戴勇（2002）② 提出通过第三方物流企业间组建中间组织性质的企业联盟，首次提出虚拟物流企业联盟的概念，并构建了虚拟物流企业联盟的组建过程和模型，提出虚拟联盟整合商的概念，并由此重点研究了成员企业的选择问题，建立了一个融合 AHP、DEA、（0—1）整数规划为一体的伙伴选择模型，有效解决了物流成员企业选择中的定性和定量问题、局部选优和全局优化问题。

王红卫（2004）③ 基于对集装箱运输行业广泛分析的基础上，研究了"无水港"的建设和运营和选址问题，提出一个实用的选址模型。模型利用离散选择分析多维 Logit 模型，通过分析货主的行为和偏好，探讨"无水港"内部需求和市场竞争力之间的关系。

贾倩（2006）④ 以综合交通枢纽为研究对象，用系统分析的方法研究枢纽场站布局规划的方法，建立综合交通枢纽场站布局模型，并且建立了枢纽布局方案的评价指标体系和综合评价模型，通过层次分析法对各方案进行评价，为综合交通枢纽最佳布局方案的选取提供依据。

陈宇、任建伟、刘盾等（2007）⑤ 从多式联盟组织的角度，对集装箱联合运输中合作者选择进行研究，利用遗传算法和算例分析，对该联盟组织的运输时间、运输成本和相关风险方案进行了预测和选

① 郭子坚、王诺、霍红：《多种运输模式下国内沿海集装箱港口布局模型研究》，《大连理工大学学报》2001 年第 5 期。
② 戴勇：《虚拟物流企业联盟的构建与管理》，博士学位论文，上海海运学院，2002 年。
③ 王红卫：《"无水港"建设及离散选择理论在选址中的应用》，硕士学位论文，上海海事大学，2004 年。
④ 贾倩：《综合交通枢纽布局规划研究》，博士学位论文，长安大学，2006 年。
⑤ 陈宇、任建伟、刘盾等：《基于遗传算法的集装箱多式联运联盟合作伙伴的选择》，《铁道运输与经济》2007 年第 2 期。

择，得到以最佳性能完成运输任务的联盟伙伴组合。

刘勇献、杨道兵（2007）[1] 针对粮食运输中散粮在码头运输中转过程中所涉及的基础设施配备进行分析，对水路运输粮食采用多方式联合运输的总体布局、码头工艺优化、火车卸车系统优化、集装箱汽车卸车系统优化设计等，对促进现代粮食物流发展有一定的意义。

汤震宇（2009）[2] 针对集装箱在水路运输中结合铁路运输的现状分析，对海铁联和运输枢纽中心存在的不足进行研究，并从具体的发展模式、多式联运网络的信息制度以及组织协调等方面提出了促进集装箱多式联运枢纽中心进一步发展的方案。

张戎、艾彩娟（2010）[3] 论述了我国内陆港建设的必要性，对内陆港进行了定义。结合我国保税港的发展状况，对内陆港进行功能定位，并提出了我国内陆港发展的对策建议。

王杨堃（2010）[4] 通过对多方式运输的组织运行机制的研究，和对多方式联合运输的基本性质和特点的分析，提出将交易费用和中间层理论引入多方式联合运输的组织构建中。在此基础上，提出该组织是一个联网型的组织，并对该组织的一系列构成和影响因素做出分析，形成较为系统的联网理论结构。

东方（2011）[5] 从市场竞争的角度，分析了托运人和承运人相互关系的行为出现的内部因素，托运人进行运输承运人的选择范围较大，选择的原因较多元化，最终的选择结果也同样呈现出多样化的特点。运输的承担方在竞争过程中，也面临着多方位、多层次的竞争，绝对不仅限于单纯的价格战。针对承运者选择的复杂性和不明确性，引入混合规划，用集合的方法呈现最终的结果，这种方法可以在一定

---

[1] 刘勇献、杨道兵：《粮食码头多式联运的设计优化》，《粮食流通技术》2007 年第 4 期。

[2] 汤震宇：《集装箱海铁联运枢纽现状与发展策略》，《集装箱化》2009 年第 2 期。

[3] 张戎、艾彩娟：《内陆港功能定位及发展对策研究》，《综合运输》2010 年第 1 期。

[4] 王杨堃：《现代多式联运的发展及其经济组织》，博士学位论文，北方交通大学，2010 年。

[5] 东方：《基于混合集合规划的多式联运承运人选择问题研究》，《中国物流与采购》2011 年第 16 期。

程度上提高选择求解的快速和准确性。

黄霏茜、林玉山（2011）① 从低碳经济的背景出发，从对二氧化碳排放量的角度，对公路运输和铁路运输做出分析，探讨通过集装箱的方式提高公路和铁路运输更为环保的方式。在对碳排放税的补充分析中，结合国家有关的法规，分析通过集装箱运输对于铁路和水路联合运输发展的有利之处，企业通过碳排放税的大幅度减少可以有效地降低多式联运的成本。

向毅（2011）② 统计了全球四大航线的空箱调运情况，揭示了空箱调运的原因，提出了减少空箱调运的若干措施。根据集装箱流转程序，对空箱调运系统两个子系统的空箱供给和需求进行了深入分析，建立了海陆整体调运成本最省的多种箱型空箱调运模型。同时，分析了租箱成本和集装箱运输船舶的空箱运能限制对整体调运成本的影响。对实际运输中可能出现的箱型替换问题进行了分析，最终建立了基于箱型替换的空箱调运模型。

朱昌锋、王庆荣（2013）③ 结合应急物流中车辆运输的特殊性，通过分析交通网络脆弱性，对算法进行优化，选择用模拟退火的算法进行分析，最后结合分析协调应急车辆的网络，并在综合运输环境下建立了该网络的模型。

代应、黄芳、蒲勇健（2014）④ 选取我国 1980—2011 年公路、铁路和水路运输的货运量进行关系实证研究，应用 ADF 方法检验三个时间序列的平稳性，运用 E—G 两步法进行协整分析和误差修正模型建立，并进行格兰杰因果关系检验。研究结果表明，公路、铁路和水路三种运输方式的货运量之间在短期内出现波动，长期内存在稳定均

---

① 黄霏茜、林玉山：《基于低碳经济的集装箱海铁联运效益分析》，《物流工程与管理》2011 年第 5 期。

② 向毅：《集装箱多式联运的空箱调运问题研究》，硕士学位论文，西南交通大学，2011 年。

③ 朱昌锋、王庆荣：《多式联运条件下应急车辆径路优化研究》，《统计与决策》2013 年第 18 期。

④ 代应、黄芳、蒲勇健：《我国物流运输模式间的相互影响及关系研究》，《科技管理研究》2014 年第 15 期。

衡关系。

(三) 多式联运网络的研究

张建勇、郭耀煌 (2002)[①] 通过对综合运输体系下组织结构的分析,对该综合运输系统各个构成进行了具体分析,提出为了实现成本最小化建立针对综合运输系统的优化的分配模型。

王涛、王刚 (2005)[②] 选择从托运人对运输模式的选择角度出发,对现实存在的多种方式联合性运输的虚拟性网络进行分析,在此基础上提出针对多种运输方式结合的方案进行选择时的组合优化模型,该模型可调高托运人对运输模式选择的有效性。

靳志宏、朴惠淑、杨华龙 (2005)[③] 针对集装箱多式联运系统优化的装卸与运输一体化作业优化问题,提出一个分析模型,并通过启发式算法和基准问题的对比实验显示了该算法的实用性及有效性。

姜军、陆建 (2005)[④] 以多式联运网络系统性能指标 PI 最优为目标建立了模型,并采用改进的遗传算法作为求解算法,将系统性能指标 PI 定义为各运输方式运输费用和运输时间的线性加权之和,针对不同货物可分别赋予不同的权重系数。针对集装箱的综合运输方式,提出多方式联合运输的最优组合模型。

贺竹磬、孙林岩、李晓宏 (2007)[⑤] 结合各种运输方式的技术经济特点,探讨加入时间和能力两个变量的条件下,构建了整数规划的模型,该模型可实现运输过程中的总费用最低化,提高运输方式的反映速度。在具体的运算过程中,结合遗传算法得到方案的结果。

---

① 张建勇、郭耀煌:《一种多式联运网络的最优分配模式研究》,《铁道学报》2002 年第 4 期。

② 王涛、王刚:《一种多式联运网络运输方式的组合优化模式》,《中国工程科学》2006 年第 10 期。

③ 靳志宏、朴惠淑、杨华龙:《集装箱多式联运系统装卸与运输一体化优化问题》,《系统工程》2005 年第 11 期。

④ 姜军、陆建:《集装箱多式联运系统中各种运输方式最优组合模式研究》,《物流技术》2005 年第 4 期。

⑤ 贺竹磬、孙林岩、李晓宏:《时效性物流联运方式选择模型及其算法》,《管理科学》2007 年第 1 期。

　　魏航、李军、魏洁（2007）[①] 以有害物品的运输过程为研究对象，分析了可能的多式联运方式，以及有害物品的运输网络所体现的时变特性。建立了该特征下多方式联合运输的最短线路径模型。

　　刘昱婷（2008）[②] 以东北三省和山东半岛间的多种运输方式为研究对象，描述了各种不同运输方式的产生、发展、现状等问题，针对两个半岛间长距离运输，并且中间路途设计多个运输节点的状态，提出多个节点间多种方式联合使用的组合模型。

　　开妍霞、王海燕（2009）[③] 研究了在给定运输起点和终点的情况下，综合考虑事故所造成的损失最小和运输成本最小的情况下，结合与单一运输方式的方案的对比，得出通过各种运输模式的结合，对提高危险货物运输的期望收益和运输收益是有利的观点。

　　康凯、牛海姣、朱越杰等（2010）[④] 从集成的观点出发，认为影响承运人和客户的利益的主要因素是托运人对运输模式的选择；将运输网络中涉及的各个地区、运输的各种模式、运输的各种可能方案集成的分析基础上，提出了一种集成模型。该模型采用双层优化的算法和启发的方式，对运输方案的选择做出优化。

　　雷定猷、游伟、张英贵等（2014）[⑤] 针对长大货物在联合运输模式优化进行研究，认为影响方案优化的因素表现为运输里程与费用以及运输时间最小为目标函数，以线路限界、桥梁承载能力、起重设备的起重能力为约束条件，建立了长大货物多式联运路径优化原始模型。考虑了约束条件的改造性特征，将原始模型扩展优化，设计了二维序列编码策略，运用遗传算法求解扩展模型。

---

　　① 魏航、李军、魏洁：《时变条件下多式联运有害物品的路径选择》，《系统管理学报》2007 年第 6 期。

　　② 刘昱婷：《东北三省和山东半岛间集装箱多式联运路径选择研究》，硕士学位论文，大连海事大学，2008 年。

　　③ 开妍霞、王海燕：《危险品运输网络中运输方式和路径优化研究》，《中国安全生产科学技术》2009 年第 1 期。

　　④ 康凯、牛海姣、朱越杰等：《多式联运中运输方式与运输路径集成优化模型研究》，《计算机应用研究》2010 年第 5 期。

　　⑤ 雷定猷、游伟、张英贵等：《长大货物多式联运路径优化模型与算法》，《交通运输工程学报》2014 年第 1 期。

杨自辉、符卓 (2015)① 提出多式联运的车辆运输问题属于典型的多目标函数优化问题，既要追求经济实惠，又要力保高效迅速。以此为基础构建了模型，该模型通过时间成本的分析，建立了成本与时间之间的链接，从而将问题变为解决传统的线性问题，处理起来更为方便。

三 国内外研究评述

（一）国外研究评述

国外对多式联运的研究因为其发展的历史更为悠久，研究的内容也更具有宽度和深度。从以上的文献综述可以看出，国外对多式联运的观点有以下几方面的特点：

一是多式联运是运输的模式之一已经达成共识。与公路运输、水路运输和铁路运输一样，多式联运是一种新型的，与上述三种运输模式并列的一种运输方式。同时，与原有的其他三种模式之间的竞争相同，多方式运输模式随着其出现也构成了对其他三种运输方式的竞争。

二是多式联运与宏观经济和区域经济发展规划密切相关。多式联运的成本构成分为两部分，一部分为运输过程中产生的一系列成本，还有一部分则是外部成本。由于多式联运可能降低空气污染的程度、多式联运的成本较之单一运输模式更具有优势从而对宏观经济所造成的影响，该模式的出现对于就业也产生了一定程度的刺激。

三是公路运输转化为公铁联运的研究较成熟。美国、加拿大东西距离较长的地理特点，使长途运输较为常见。由于铁路在成本和低损耗的优势，以及油价对公路运输的影响，研究将铁路介入到原有的公路运输中的模式开始出现，并大量运用到实践中，如今公铁联运成为西方国家中多式联运的常见形式，铁路与公路相互联合的运输，更具有可持续性、更环保，因其规模经济的原因也更为经济。

四是从多行为主体链的角度展开研究。多行为主体链的提出，明

---

① 杨自辉、符卓：《物流运输优化问题的线性规划模型构建》，《统计与决策》2015 年第 6 期。

确地界定了参与多式联运的行为主体的角色，所有的参与者共同承担着使托运人的货物在整个链条上及时、快速、无缝地到达目的地的责任。因此有关该链条上的行为主体的责任界定的研究较多。该链条是一个完整的体系，因此相关的决策支持体系和信息沟通体系研究也相应地出现。

从上述分析可以看出，国外的研究关于多式联运的许多观点已经比较成熟，并且许多认识已达成共识，但是仍然存在一些研究的局限和不足。

一是政策法规研究的局限性和运行效率低下。由于多式联运所涉及的部门和整个链条上的参与者众多，目前政策和规划方面的措施存在的主要问题表现在其有效措施匮乏。文献的回顾也可以看出，所颁布的政策是有限的，且政策的运行是缺乏效率的。仍然有许多政策法规亟待颁布，比如为提高多式联运需求的有效性方面如何采取金融支持；为提高多式联运竞争力，如何从公路定价的角度进行影响；为提高多式联运的绩效如何提供铁路设施给予多式联运使用等方面的政策法规方面的研究和相关政策需要进一步跟上多式联运时间的步伐。

二是多行为主体链的研究需进一步完善和深入。多行为主体链的管理涉及多方式运输链条上的所有参与者。从以上文献可以看出，没有单一行为人可以承担链条的领导者角色，因此，合作性的结构即多式联运的方式出现是必然的。所有这些文献从多行为人链条出现的必要性到确定该链条上决策者构成，进一步研究决策的支持系统和评价系统和信息保障系统。近几年开始对这一链条上的构成者所涉及的相关问题有一些纵向深入的研究，但多行为主体链作为一个完整的体系，所应具备的链条的结构，以及各部分之间的沟通，尚需要进一步的深入和完善。

三是运输模式选择的研究不具有一般性。运输模式选择的研究揭示了模式选择的决策重要性，并且提供了一种观点，即模式的选择对于成本和质量的变化的敏感性。但是，由于特定的数据设置、调研的数量以及地理区域的不同，可能会导致其结论不具有一般采用性。即一个一般性的结论尚未出现。若要克服和解释研究中的不同，需要在模式选择的决策过程体系中提供更为全面的和复杂的依据，才能使其决策的过程更具有一般性和实用性。网络模型的算法使用了运筹学、博弈论、启发式算法、优化算法等，相关的算法由于所存在的一些局限性，也同样造成结论可能会不具有一般性，目前的运输网络模型急需得到改进从而使得结果不仅仅是局部最优，还能够实现全局最优。

（二）国内研究评述

由上述文献可以看出，多式联运是我国现代运输发展的一种新的模式，同时也是我国运输业未来发展的必然趋势。在全球范围内，该领域的研究成为各运输研究者的热门选择，但是由于我国独特的发展模式使这一研究在我国还刚刚起步。从上述集中的研究领域中分析，可知目前我国对多式联运进行研究的特点表现为：

第一，发展模式与我国的制度发展相互配合。对国际多式联运的研究主要从制度法律的协调统一方面，以及将国际联运向内陆扩展方面。大部分研究是针对国内多式联运进行的。从最初对多式联运的战略发展方向的研究，到我国交通运输部实行大部制，公路、水路、航空、铁路等各种交通功能逐渐归集为交通运输部；逐渐发展到对组织形式的研究，结合对国外虚拟组织的研究和国内各交通方式的组织在实践中的分散性，提出我国多式联运的组织结构；结合近几年国家提出的"一带一路"倡议①，提出将我国的多式联运与陆路丝绸之路和海上丝绸之路相结合的发展模式。可以看出，文献研究与我国交通的制度变革相互配合，但在具体运行中，承担运输的组织较为复杂，各种运输方式的组织各自独立的历史原因，运输市场上还有各个物流企业、运输企业以及第三方物流，大小良莠不齐，导致多式联运的各个部门的发展、合作、协调仍然会遇到各种问题。

第二，集装箱的研究较为深入。由于集装箱的发展是我国发展多

---

① 2013 年 9 月，国家主席习近平首次提出发展"一带一路"倡议，是"丝绸之路经济带"和"21 世纪海上丝绸之路"的简称。目的为借助我国古代丝绸之路的历史来发展与各沿线国家的经济和贸易。

式联运的方式之一，因此围绕集装箱的研究较为丰富。有关集装箱码头的设计、集装箱多式联运发展的模式以及集装箱的设备研究，近几年我国开始关注集装箱的空箱回运问题，为解决承运者之间的责任和义务的划分，提出由铁路免费承担集装箱回运的责任，并赋予铁路可以自主决定回运时承担部分货运物品。集装箱的发展，使长距离、多方式运输成为可能，在多方式联合运输的发展历程中起到了重要的作用。然而，集装箱在中国的大发展仍然存在着较多的障碍，箱体的结构、标准化、与各种运输方式的匹配。并且，在农产品运输时，需要的制冷技术低下，制冷范围狭小，使实际的农产品集装箱运输应用并不广泛，无法发挥集装箱在多式联运中的优势。

第三，新视角与国际接轨。观察近几年的文献，可以看出一些国际上流行的热点研究，在国内也同样热门，多式联运与各个单一的运输方式相比较，表现在它可以将各个运输方式取长补短。单一的公路运输由于它的高能耗问题，因为将低能耗的铁路和水路引入而得到不同程度的降低。目前，我国与国外同时开始关注多式联运的可持续发展问题，关于绿色运输、低碳运输的研究逐渐增多。同样，关于无水港的研究、物流大通道的研究、中间层理论的研究等多式联运研究的一些新的视角也纷纷出现。理论的研究在我国的发展开始逐渐完善，但是多式联运的实践发展却远不能跟上理论发展的脚步。因此在理论研究中，更多地进行具有实际操作性的关于多式联运网络的研究是目前较为符合实践需求的。

第四节　研究思路和框架

一　主要内容

本书基于运输视角对国内外农产品流通模式的发展现状以及多式联运的文献进行了综合分析，主要研究了五个方面的问题：

一是总结和归纳了农产品流通的主要模式，并以运输为切入点对农产品流通中这一重要环节做出理论梳理和归纳。

二是论证农产品运输多式联运的必要性。通过分析农产品运输的特殊性质，对农产品运输的方式选择和农产品类别对运输方式的选择产生的影响进行了分析。并对农产品运输市场的完整性进行了分析，提出因为消费者对完整运输产品的需求和运输市场上资源整合的需求，共同决定了农产品多式联运将成为农产品运输未来的发展趋势和方向。

三是农产品多式联运系统的评价模型构建问题。根据对农产品分类和特征的分析，提出对农产品多式联运系统进行评价的原则，在此基础上提出农产品多式联运的评价指标体系。结合指标体系的分析和优化的神经网络算法，提出农产品多式联运系统的评价模型。

四是通过实例分析验证该模型的应用性问题。通过对比传统的神经网络算法、优化后的神经网络算法以及组合优化的算法，提出采用优化后的神经网络模型对评价农产品多式联运系统的选择更具有应用型和一般性。

五是通过分析多式联运与地区经济的协同发展关系，对其影响机制、作用机制、动力机制做出分析，并在此基础上提出协同发展的方案与对策。

本书主要分为八章，主要内容如下：

第一章　绪论。通过分析我国农产品流通及运输的背景，提出研究的问题；接着对国内外农产品流通模式和运输发展的现状分析并对国内外多式联运的研究状况作出综述并评述；在此基础上，进一步阐明本书的研究背景和意义；并阐述本书研究的主要内容和框架以及创新之处。

第二章　理论研究基础。通过阐述农产品流通、农产品运输以及农产品多式联运的基本概念和理论，进一步分析进行研究的系统理论和协同理论。

第三章　农产品多式联运的发展和演化分析。通过对我国"菜篮子工程"和绿色通道的历史演变做出梳理，在此基础上结合国外多式联运的发展经验，提出多式联运与绿色通道发展的关系，农产品多式联运的方式将成为未来发展的趋势和方向。

第四章　农产品多式联运综合评价指标体系的构建。利用层次分析法和专家法，结合农产品的独特性，对农产品多式联运的评价准则做出分析，并据此建立农产品多式联运的综合评价指标体系。在此基础上，针对运输的承担者在运作时各个单一运输模式的核心优势做出深入分析，多方式合作可以以此为依据实现优势组合。

第五章　农产品多式联运综合评价模型的设计。对传统的神经网络算法进行优化，利用变尺度混沌的人工神经网络算法对模型进行优化，构造农产品多式联运系统的评价模型，并提出仿真训练的思路。

第六章　农产品多式联运综合评价模型的验证。通过几个城市和地区间的农产品多方式运输实例，分别利用传统的神经网络算法、优化的神经网络算法以及运筹学的优化组合算法，并对结果做出分析，提出优化后的神经网络算法对农产品多式联运系统进行综合评价更具有实用性，可以避免局部最优，达到全局最优化，更具有一般性。

第七章　多式联运系统与地区经济协同发展策略。通过分析多式联运系统对地区经济的影响机制和动力机制，提出协调多式联运和地区经济发展的战略方案和发展对策。

第八章　结论与展望。阐述研究所取得的成果和结论，分析可能存在的不足之处，并对未来研究和发展的方向提出具体的构想。

二　思路和框架

本书整体结构主要包括理论研究、规范研究和实证研究三个部分。理论研究部分主要通过对比分析国内外的文献综述，分析国内外研究的优势和局限，借鉴国外的研究理论和国内优秀的理论研究作为本书的理论基础；第四章和第五章通过层次分析法和神经网络算法结合，提出农产品多方式联合运输系统的评价准则，在相应假设条件下，构建了农产品多式联运系统的综合评价模型，构成了本书的规范研究部分；第六章结合具体的案例分析，通过传统的人工神经网络算法、改进的人工神经网络算法以及运筹的优化组合算法之间的分析对比，验证一个一般性的农产品多式联运系统的综合评价模型，此部分为本书的实证分析部分；在实证研究的基础之上进一步从宏观角度提出多式联运系统与地区协同发展的方案与对策。最后综合以上分析最终提出相应的结论与展望。本书研究框架如图 1 – 1 所示。

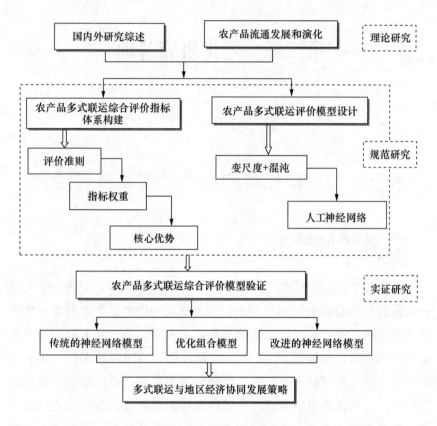

图 1 – 1　本书研究框架

第二章　理论研究基础

第一节　运输视角的农产品流通基础理论

一　相关基础概念

（一）农户

农产品大多以农户生产为主要经营主体。2013 年，中央一号文件首次提出"家庭农场"这一理念。在家庭农场中，各个家庭成员负责生产农产品，农业收入是家庭的主要收入来源，可以将家庭农场当作是农业大户的升级版本。[①] 另外，与私人农场不同，私人农场主有土地产权，但是我国规定所有的土地都归国家所有，农民只享有农田的使用权，不具备农田所有权。在进行土地改革之前，我国还有国营农场，随着土地改革等一系列措施落实，国有农场消失，转变为小规模家庭经营单位。在农产品流通中，农产品的源头就是农户，农户不仅负责生产农产品，而且还是农产品流通活动的微观主体。

（二）农产品

所谓农产品指的是农业生产单位从农田中生产得到的产品。近几年，随着农业越来越发达，农产品的概念也变得更广，一些国家将农业加工业归属于大农业领域内。《农业法》中规定：农业指的是包含林业、渔业等各类产业，以及与这些产业有关的配套服务。因此，从这个角度来看农业，农产品的概念更加丰富，农产品不仅包含初级农

---

① 夏英：《国外"家庭农场"发展探析》，《中国农业信息》2013 年第 11 期。

产品，还包含经过加工之后的农业加工品。初级农产品指的是与农业过程有关的各类农作物、畜牧产品等。农产品的概念很广，干草、皮革等也都属于农产品范畴。

(三) 农产品流通

国内学界对农产品流通主要存在以下两种观点：农产品流通存在广义和狭义上的说法，前者一般指的是市场上流通生产要素或者流通生产的结果，不仅包含流通产品，还包含流通服务；后者的概念相对前者较窄，它只包含产品从生产领域流动到消费者手中。不包含服务流通、货币流通等形式，但是包括组织和组织的商品流通，也包含单个组织内部的商品流通。组织和组织的商品流通与组织和组织之间的很多交易活动无关，狭义概念下的商品流通包含的是商流、物流等信息流动。

在当前的市场环境下，农户大规模生产农产品不仅是为了满足自身需要，还希望能够通过合理销售农产品获得利润，满足农户的其他需要。随着农产品流通活动越来越多，人们对农产品流通的认识也更加完善。因为不同农户生产的农产品不同，而市场的需求又是多样的，因此促成了农产品流通。通过研习很多研究学者的作品之后，重新定义农产品流通的概念：农产品流通是为了实现农产品增值，让农产品能够以更高的价格销售出去，为农户带来利润。农产品流通中，流通的不仅仅是农产品，还包含资金、信息等的流通。因为农产品自身性质，决定了农产品流通具有特殊性。首先，对于工业产品，农产品容易快速腐败，这就要求在运输农产品的时候，尽量缩短农产品运输时间，防止农产品因腐败变质而失去食用价值，还需要注意对农产品的保鲜。整体来看，农产品运输时间长，中间经历的环节多，还需要对农产品进行包装，轻搬轻运，若是上述有任何一个环节出现问题，都有可能会损害农产品品质，让农产品售价降低。其次，农产品生产与季节有关，不同季节生产的农产品不同，市场上的农产品需求和供给具有滞后性，这就导致农产品流通出现不对称性问题。再次，农产品生产与地理条件有关，某些地区适宜生产某类农产品，不适宜生产其他农产品，这就导致农产品必须要经过流通，才能满足不同地区的供需平衡。最后，农产品的供给和需求存在严重不平衡。农产品属于生活必需品，市场需求波动较小，由于供需之间存在不平衡问题，导致农产品的价格变动较大，让农民承担了农产品流通风险。

（四）农产品流通模式

模式体现了事物之间的隐藏规律，我们需要从周遭发生的事件中发现规律，总结规律。贾履让等（1998）提出，通过流通模式，有利于将商品生产对应到各个环节，阐明了商品的运行机制。① 在研究过程中，流通模式又被称为商品流通方式。还有些学者对流通模式做了汇总，认为流通模式按照时期的不同，可以归纳为多种情况下的商品流通模式，分别是计划经济环境下的商品流通模式、完全市场经济环境下的商品流通模式、宏观调控环境下的商品流通模式。

通过对上述学者研究结果的分析来看，不同学者对流通模式的看法存在一致性，本书重新定义了农产品流通模式，认为农产品流通模式指的是在特定市场机制环境中，农产品从农户向消费者转移的过程，包括物流、信息流等的转移。其中，物流的传递贯穿全程，是农产品能否实现空间转移的重要环节，因此本书重点从物流运输环节视角出发展开研究。

二 农产品运输的相关理论

农产品运输是指使用交通工具将农业产品从一个地方运送到另一个地方，实现空间的转移过程。

（一）农产品运输的类型

农产品分类的专业性很强，按照不同的划分标准，农产品运输活动也存在如下区别：

1. 根据运输具体对象的分类

第一，粮食作物运输。粮食包括水稻、小麦、大豆、油菜子、向日葵、芝麻、花生等。每年我国市场上粮食的流通量很大，做好粮食流通，对我国粮食稳定供给具有重要意义。

---

① 贾履让等：《从市场化改革看土地有偿使用和开放土地市场》，《当代经济科学》1998 年第 6 期。

第二，经济作物运输。人们的需求可以通过经济作物来满足。除此之外，经济作物还可以用于工业生产中，比如棉花、甘蔗等，甘蔗不仅可以作为食物，还可以用于工业生产。

第三，鲜活食品运输。鲜活食品主要包括鲜食的猪牛羊肉、禽、蛋、蔬菜、水果等。鲜活食品在储运过程中损失率比较高，对物流技术和装备水平要求也比较高。我国在这类食品物流作业过程中损失率有时高达30%—35%，即有1/3的鲜活食品在物流作业中逐渐被消耗，影响了农产品物流企业的利润。

第四，畜牧产品运输。在农产品运输中，畜牧产品运输业属于重要一环，畜牧产品能够提供给人们生活所需要的肉类、奶类等物质，让人们的饮食拥有更多优质蛋白摄入。我国每年对畜牧产品的需求量很大，畜牧产品还可以运输到工业生产中，成为工业生产的原材料。按照性质不同，畜产品运输可以详细划分为肉类、蛋类、奶类产品物流等。

第五，水产品运输。随着人们生活水平的提高，人们对水产品的需求量越来越大。水产品也是我国出口的主要农产品之一。一般来说，水产品需要快速从水中打捞出来，经过转加工后运输到消费者手中。淡水产需要灵活的物流运输方式，在被打捞出来之后快速运输到市场上。海洋水产则需要经历中间加工环节，因此运输海洋水产产品的时候，需要设置额外防护措施提高对海洋水产的保护。

第六，林产品运输。林产品也是工业生产的必要原料之一，营林和竹木采伐往往有强烈的物流需求，比如将林产品装载到运输车上、从产地送达需求地等。

第七，其他农产品运输。还有一些无法归属于前六类的农产品物流，这类物流可以归属到其他农产品运输。

2. 根据在供应链中作用的分类

第一，农产品生产运输。农产品生产运输指的是农产品从土地收获之后运输到消费者手中的过程。生产运输必须同步于农作物生产，这对于农产品生产非常重要，若生产的农产品无法及时运输出去，农民将遭受损失。

农产品生产运输按照生产环节总共可以分为三种类型：第一种情况是产前运输，比如动物在养殖时，需要将动物的幼崽运输到养殖区，植物种植前，需要购买大量农用生产设备、化肥、种子等；第二种情况是产中运输，在农产品还没有收获之前，需要对农产品进行除草、除虫、施肥处理，因此导致产中运输的出现；第三种情况是产后运输，这个时期的运输主要是农作物，将收获下来的农产品运输到用户手中的过程。农作物经历脱粒、晾晒等处理后，农作物被分门归类运输到不同的市场上。

合理运输农产品对农业发展十分重要，只有生产出去的农产品能够及时运送到市场上，卖给消费者，农民才能保持高涨的生产热情，才能够促进农产品流转。如果农产品运输过程不畅，不仅会降低农民的获利能力，还会打击农民信心，让农业生产停顿。

第二，农产品销售运输。农产品运输的本质意义是为了让农产品能够保值甚至增值。在运输农产品的时候，农产品生产者将农产品销售给生产企业，或者将农产品销售给流通企业，这个过程伴随着资金流动和所有权转移。流通企业将农产品销售给消费者，这个过程也发生着农产品所有权转移和资金转移。农产品收购、运输、检验等一系列环节都属于农产品销售运输范畴。在上述这些环节中，因为负责参与运输活动相关的主体较多，我们需要初步对农产品运输活动进行下列归类，一般包括两类：没有中介参与的"单段二元式"运输以及有中介主体参与的"双段三元式"甚至"多段众元式"运输。

第三，农产品废弃物运输。农产品从田地里收获到运送到消费者手中的过程，中间会产生大量废弃物，人们对废弃物的处理方式主要有以下两种：第一种是对有价值的废弃物重新归类、分拣，将其运输到其他加工这些废弃物的工厂中，或者是将有价值的废弃物挑选出来，供自己所用。比如生产玉米的时候会留下大量秸秆，这些秸秆被运输到加工工厂中，制成饲料，重新售卖给农民。第二种处理方法是对完全没有利用价值的废弃物进行集中处理。在处理这些废弃物的时候，需要注意避免对外界环境的破坏。处理的方式一般是将废弃物运输到指定地点，将其掩埋或焚烧处理。在农业生产中势必会有很多没有价值的废弃物，将没有价值的废弃物投入到循环再生处理模式中，使其成为再生资源。

3. 根据运输储运条件不同的分类

按照运输储运条件差异，可以做出如下分类。

第一，常温链运输。对农产品进行初级处理后，在常温条件下运输农产品，被称为常温链运输。大多农产品采用的运输方式都是常温链运输形式，如粮食作物等。

第二，冷藏链运输。在低温条件下完成农产品运输的过程，被称为冷藏链运输。在整个运输过程中，通过降低温度，给农产品营造低温环境，有利于防止农产品快速腐败，保持农产品品质。农产品被运输到消费者手中的时候，依然可以保持新鲜。低温能够控制微生物繁殖速度，防止微生物腐败农产品，延长产品保质期。随着生活水平的提高，消费者对农产品质量要求越来越高，冷藏链运输的需求量必将越来越大。

第三，保鲜链运输。该种运输方式是新的运输方式之一，主要通过多种保鲜方法保持农产品的新鲜度，并在保鲜方法的保护下，将农产品运输到消费者手中的过程，这种方式被称为保鲜链运输。在该运输条件下能够最大限度保护农产品质量，也是最有效地防止农产品腐败的方法。王岳峰、谢如鹤（2006）等提出了保鲜链运输中的三个条件：采用合理的保鲜工具、适宜的保鲜方法和针对性的管理制度对农作物进行保鲜处理。[①]

（二）农产品运输的特点

1. 农产品运输量大

农业是一个广泛的概念，包括林业、畜牧业、副业等。随着加工技术的发展，粮食等可以通过适宜加工过程转化为商品，满足消费者需求。除此之外，还可以运输到工厂中，为工厂加工提供原料。农产品运输需求量大，合理规划好农产品生产尤其重要。农产品生产受到自然环境制约，不同地区条件不同、降水量不同，都会影响到农产品

---

① 王岳峰、谢如鹤：《保鲜物流及其发展研究》，《物流技术》2006 年第 7 期。

生产和农产品种植，如果罔顾自然条件，生产出来的农产品质量不合格，产量也比较低，这样的农产品难以进入农产品流通中。

2. 农产品运输运作具有相对独立性

农产品自身特点决定了运输农产品相对运输工业产品具有其特殊性，这些特殊性体现在运输农产品的环境、运输农产品的工具和运输农产品过程中采取的技术手段上。适宜的农产品运输手段有利于保证农产品质量，比如采用低温防止农产品腐败、采用防虫害技术避免农产品受到虫害困扰、采用防潮技术防止产品受潮等。这个系列的过程靠交通部门无法保障，必须要有完善的配套硬件措施，才能切实保障农产品质量，例如为农产品运输提供运输工具、设立仓库等，保证生产的农产品质量合格。

3. 农产品运输具有分散性

农业相对于其他产业性质非常特殊，这决定了生产农产品与生产工业产品有很大不同，也决定了运输农产品和运输工业产品有很大不同。农产品运输过程中需要经历层层环节，这个过程尤其要重视对农产品保鲜。我们会发现，个体生产者的能力有限，生产规模较小，光靠他们的个人力量无法与市场实现有效对接。而如果要求个体生产者与市场对接，将会提高交易成本，作为个体生产者来说得不偿失。运输鲜活农产品相对运输工业产品来说较为复杂，往往需要至少两次装卸才能完成，因此必须要对整个农产品运输过程进行科学规划，才能够防止运输中出现的一切不合理现象，提高农产品运输速度。

4. 农产品运输过程的生产性

农产品容易腐败，这是农产品相对于工业产品最明显的一个特点。这主要是因为农产品是食物，食物具有生命特征。人们通过劳动控制农产品生长，让农产品成长为理想的质量和产量。植物生长需要阳光、空气，动物生长需要饲料、繁殖，农产品从田地里收获下来之后，依然是可以呼吸的生物。动物性产品比如肉也是由细胞组成，这些物质都含有一定量的水分，如果水分流失，农作物的口感和营养价值都会大打折扣。因此在运输过程中，必须要给农产品运输提供适宜的运输环境，这样才能最大限度地保证农产品质量。除了保持农产品水分之外，运输粮食，还需要控制粮食中的水分含量，定期烘干粮食，防止粮食中的水分含量过多，导致粮食发霉。比如收购棉花，不同棉花的品质不同，销售价格也不同，需要对棉花进行归类整理。而收购猪牛羊肉，不能直接从农户手中收购这些动物的肉类，需要收购活体动物。在收购活体动物后，将活体动物有序宰杀，肉类供给消费者。有些蔬菜在刚从田地里采摘之后还很鲜嫩，但是在经历长时间的运输之后，叶子中的水分大量流失，蔬菜变得干干巴巴，有些还会在运输过程中发生磕碰，进而腐烂。运输过程中，蔬菜会变黄变老，蔬菜品质降低，导致蔬菜销售价格下降。有些蔬菜在运输过程中的损耗甚至高达30%以上。水分越多的蔬菜在运输过程中损耗越高，因此农产品运输还需要涉及贮存、运输等环节，处理农产品有利于提高农产品价值，随着居民生活水平提高，居民会越来越倾向于购买处理后的农产品。

5. 农产品运输的非均衡性

对于农产品来说，农产品运输均衡具有重要意义。不同地区的自然环境不同，决定了适宜生产的农产品也不同，某些农产品只适合在某种地区种植，比如猕猴桃适宜种植在陕西黄土高原地区，在山东、江苏等沿海地区则不适宜种植。因为受到自然环境制约，某个地区不可能种植所有农作物，满足该地区的农作物需要，只能够根据自然条件变化，着重生产某种产品，对其他农产品的需求可以通过从其他地区购买而满足。某些季节，农产品逐渐成熟并在市场上大量销售，但是在其他季节，人们对农产品的需求存在缺口，这就导致农产品不仅在地域供应上存在不平衡，在季节供应上也存在不平衡。这种不平衡性使农产品运输组织需要适宜调节，才能实现利益最大化，例如在农产品生产旺季储存部分农产品，等到农产品生产淡季的时候抛出，这样有利于实现农产品供配和需求趋向于平衡。

6. 农产品运输的风险性

农产品的需求量和当地人口有很大关系。最近几年，我国走入人口稳定期，农产品需求量也趋于稳定。随着农民收入越来越高，农产品的需求量还有可能会降低。因为农业生产要素彼此可替代，且随着农业技术的发展，农产品供应弹性增加。根据国家统计局数据显示，即使是发展落后的发展中国家，农产品供应也有弹性，一般能保持在0.3%—0.9%。随着农产品市场价格波动频繁，导致农产品的供应变化较大。如果某种农产品的价格上涨，将会导致农民大量生产某种农产品，最终导致农产品滞销；如果某种农产品的价格持续下跌，会使农民不再生产该种产品，最终导致农产品市场供给不足，出现紧张现象。若承担着较大经营风险，会使农民和经营者利益受损，因此很多经营者故意选择短期机会主义，这种选择不利于形成稳定的市场竞争格局，也不利于消费者能以稳定的价格购买到某种农产品，因此农产品运输必须要以持续运营为首位任务，才能保证农产品市场对某种产品的需求和某种农产品的供给达到统一。

（三）农产品运输的方式

1. 常规运输方式

（1）铁路运输。近几年，铁路运输已经成为运输主流，铁路运输主要承担距离长、货运量大的商品运输。虽然说水运价格较低，但是很多地区不具备水运条件，因此运输货物大多通过铁路运输来完成，铁路运输要比水路运输速度快，而且成本更低，因此成为我国主要的货物运输模式。铁路运输因具有速度快、受天气等自然条件的影响小、运输能力大、成本较低等优势，在农产品运输体系中占有重要地位，发挥着不可替代的作用。铁路运输的工具是列车，根据运输过程中列车的租用情况、铁路运输的种类分为三种：整车运输、零担运输和集装箱运输。

整车运输：当人们有运输需求的时候，会选择和铁路公司合作，将货物托付给铁路承运人。对运输环境要求较高的农产品适宜选择整车运输。危险的货物也最好用整车运输的方式完成运输。除此之外，还有污染性较大的农产品、活体动物或蜜蜂等。

零担运输：这类货物体重较轻、体积小，占用不到一车的空间，再加上这类货物不具有危险性，也不会污染到其他货物，因此可以选择和其他货物共用一个车厢，这样有利于提高铁路运输的运输能力，也有利于降低托运人的运输成本，是一种非常灵活的运输模式。

集装箱运输：是指以集装箱这种大型容器为载体，将货物集合组装成集装单元，以便在现代流通领域内运用大型装卸机械和大型载运车辆进行装卸、搬运作业和完成运输任务，从而更好地实现货物"门到门"运输的一种新型、高效率和高效益的运输方式。近年来，集装箱在铁路运输中的使用越来越广泛。

（2）公路运输。除了铁路运输外，公路运输在我国也司空见惯，包括汽车、畜力车等进行运输的方式。公路运输具有机动灵活、点多面广、投资成本低、运输成本低等优势。农产品公路运输的主要工具是货运汽车。从车型分类，货运汽车可分为平头式货运汽车和长头式货运汽车；从车厢角度来看，货运车可以分为厢式货运汽车、平板式货运汽车和箱型货运汽车；从结构来看，货运车可以分为单车货运汽车、拖挂车货运汽车和汽车列车等多种类型。

公路运输汽车中，小型厢式载货汽车数量较多，这类汽车适宜应用在运输距离较短、运输的货物量不多的情况下。有些货物需求较急，通过小型厢式载货汽车运输，能够快速将商品运输到客户手中，小型厢式载货汽车还拥有封闭空间，可防止货物受到外界环境影响，保障货物品质。小型厢式载货汽车卸载货物也很方便，且体积很小，可以直接进入工厂大门，方便搬运工人搬运货物。小型厢式载货汽车运输货物十分方便，可以用于运输小型商品，是农产品配送的主要工具。平板式载货汽车按照运输量可以分为小型和大中型两种。前者别名皮卡，主要运输体积小、相对贵重的货物。厢式货运汽车性能不断提高，成为近年来运输市场上的一支主力军。拖挂车由两部分组成，一部分是拖车，另一部分是挂车，这两部分通过连接构件相连接，有利于大大提高运输效率。

公路运输相对铁路运输有很大不同。零担运输属于公路运输中的一种运输方式，货物从承运机构经过分拣环节运输到收货人手中。这种运输主要用于两种情况：第一种情况是需要运送的货物体积太小，如果使用直达运输经济性差，浪费运输者大量精力。第二种情况是因为道路资质条件限制，为使货物快速运送到收货人手中，因此选择零担运输来运输货物。最近几年，国家投资了大量资金用于建设高速公路，高速公路运输货物能够大大提高货物运输速度，运输能力强，而且运输成本低。使用这种运输方式运输货物经济、快速，深受消费者和运货方的欢迎。另一种方式为整车运输，这种运输方式中货物从货运站转移到收货人手中，不需要经历中间的分拣环节。通过整车运输形式运输货物，有利于提高货物运输效率，也有利于减轻工作人员负担，但是这种运输方式只适合用于运货量较大的情况。

由于大多数农产品存在保质期短、易腐等特性，农产品的托运人在公路运输上大多选择快速运输的方式，各级政府为农产品的快速运输建立"绿色通道"，进一步提升了农产品的公路运输速度。

（3）水路运输。相对于其他运输方式来说，水路运输最大优点就是运输成本较低，目前通过水路运输的货物周转量已经成为众多运输方式中的第一名，更是我国商品运输的主要运输形式之一，尤其适用于沿海地区。水路运输分为内河运输和海洋运输两大类。海洋运输有两种，一种是用于相同国家或邻近国家的沿海运输，另一种适用于距离较远国家的远洋运输。船舶是水路运输的主要交通工具，负责运输货物，进行货物周转。常见的运输船舶有散货船、集装箱船、滚装船、冷藏船、驳船等。

散货船属于水路运输中使用的重要交通工具之一，主要负责运输谷物、矿砂等货物。这种船只的运输能力强、船体较大，但运输速度较低，因此有些地区专门为这种船只开设码头，散货船上没有卸货设备。这种船只的运输量一般在 3 万吨左右，相对于其他船体运输能力高，有些船只的运输能力更强，能达到几十万吨。[1] 这种船只运输货物的时候一般采用单向运输方式，将货物从某地运输到另一地点，然后空船返回，因此船只的空载能力强，能够快速从某个地点返回原地点。

集装箱船规格统一，运输效率高，运输成本低，因此现在运输货物的时候主要采用这种运输方式，该种船只船型尖小，能够方便人们上下搬运货物。通常船上无装卸设备，由码头装卸，以提高装卸

---

① 顾一中主编：《舰船博览》，中国海洋大学出版社 2013 年版。

效率。

滚装船能够将货车一起装到船上，等运输到指定地点之后打开舱门，让货车顺着货船驶出，继续运输货物。某些运输货物对时间要求较高，常采用这种运输方式加快运输速度，目前远洋运输有些也采用这种运输方式。

冷藏船指的是能够创造低温运输环境的运输船只，这种船只的运输能力较低，一般只能够运输 22 吨左右的货物，但是船只的航行速度较快，能够快速完成商品在不同地点的转移，这种船只采用特殊材料制成，能够较好地隔离低温或高温。

驳船也是一种常见的运输方式，该种船只需要拖船或推船协助运输，常常用来运输因为体积较大，不方便进港的货船。这种船只运输效率高，成本低，管理十分方便，因此在货物运输中也具有很高的地位。

（4）航空运输。航空运输是一种集合多种航空器进行运输的一种形式，因其速度快、安全准确、不受各种地形的限制等优势，近年来在农产品运输中发展很快。航空运输的工具是飞机，大部分航空公司不仅负责运输商品，还负责运输乘客，在运输乘客的同时搭载少量货物，还有一些大型航空公司专门搭建了运输货物的货机，使用全货机运输。常见的航空运输类型有包机运输、集中托运和航空快递业务。

包机运输方式可分为整包机和部分包机两类。指航空公司按照双方事先商量好的运输费用，将飞机承包给使用者，让使用者完成货物运输的过程。

集中托运将很多单独发运，运输的指定地点相同的货物挑选集中起来，作为一票货，将其全部填写到一份运单上，经过各个环节运输到指定地点，交给当地货运代理人负责处理，然后将货物分拣，运送到指定收货人手中的过程。集中托运因为能够将不同的货物集中起来，因此相对其他运输方式，只需要花费很低的运作成本，给货主提供了很大方便。目前，集中托运在世界范围内已普遍开展，成为我国进出口货物的主要运输方式之一。

航空快递业务又称航空急件传送，是目前国际航空运输中最快捷的运输方式，由一个快递机构负责和航空公司合作，再雇用个人在货主、机场等人之间传送急件，这种运输方式适合用来运送贵重信件、贵重物品和应急药物。这是一种最为快捷的运输方式，急送运达时间一般在一两天甚至数个小时，特别适合于各种急需物品和文件资料。

2. 几种特殊的运输方式

（1）多联式运输。随着运输技术日益发展，单一运输方式有些时候不能满足人们的运输需求，必须要搭配多样化运输方式，才能适应新局势、新局面。多联式运输又称为多式联运，指的是将不同的运输方式综合起来的一体化运输模式，承运人负责将商品从一个地点运送到另一个地点，整个过程全都由该名承运人完成，整个运输过程虽然使用了不同运输工具，但是按照单一运输来处理。

多联式运输最常采用的运输方式为集装箱运输，将货物装到集装箱中，经过水路、铁路、公路等，将货物运送到收货人手中。开展这种运输方式，有利于提高运输效率，发挥不同运输方式的优势，还有利于降低运输成本；更有利于以不同城市为中心，设置各种运输枢纽，完成货物运输。多联式运输的特点主要体现为：第一，两种以上运输方式的连续运输。第二，多联式运输的货物大多数为集装箱货物，能够提高货物运输分类能力。第三，单一费率。在进行运输的时候，发货人只需要和运货方签订一次合同，一次付费，就将货物从自己手中运送到收货人手中。第四，该种运输模式实行的是统一管理模式，能够将各个组织整合起来，整个运输过程交给对应的负责人负责处理，无论是用哪种运输方式，整个运输过程分为了几个运输段，多式联运经营人都需要对这个运输过程负责。对已发货方的货物负责。通过签订合同，每个运输段的负责人都有自己的职责，对自己所承担的路段的货物安全问题负责。第五，择优合作，合理运输。在起运地接管货物，将货物交到指定地段的过程，整个过程交给代理人来完成，这些代理人有各自的工作任务，他们共同为发货人服务。多式联运经营人可以设计最佳运输路线，将发货人需要发送的货物交给实际承运人，实际承运人负责收集货物，将货物运输给下一个实际承运人，这样经过层层传递，货物最终运送到了收货人手中，通过这种模式，有利于降低运输成本，提高货物运输效率。

（2）集装箱运输。使用集装箱运输有利于提高货物周转速度，也有利于将不同货物分别归类，这样在运输货物的时候，可以直接将货物用集装箱的形式运送到收货人的仓库中，在中间换交通工具的时候，不需要再将货物从集装箱中取出，大大简化了货物运输过程。

集装箱运输形式上指的是利用集装箱运送货物的过程，该种运输方式方便灵活，操作简单，因为有集装箱的存在，该种运输方式能够最大限度防止货物受到损害，例如防止路途颠簸、抵御风雨等。加上集装箱运输货物能够较好地保持货物原样，运输费用低廉，成为众多货主们最喜爱的运输方式。

集装箱运输具有以下几方面优势：第一，货物盗损率低。集装箱运输能创造密闭环境，为货物遮风挡雨，防止货物受到光照。集装箱上有唯一编码，有利于防止不同运货人的货物弄混，或者是防止不同运货人的货物丢失现象。第二，采用集装箱运输的运输效率很高。因为在使用集装箱运输的时候，常常采用整箱运输、整箱搬运、整箱卸货的形式，有利于提高对货物的分类能力，也有利于让货物在不需要拆箱的情况下，直接从某种运输工具转移到另一种运输工具上。货物由发货人负责装箱后，通过不同运输途径，被运送到收货人手中，真正地实现门对门运输，这样极大地方便了收货人收货，提高了工作效率。第三，品质保证。有些集装箱中还设置有冷藏箱，能够最大限度对货物保鲜，这是其他运输方式所远远不能及的。

（3）散装运输。该种运输方式指去掉产品外包装的运输方式，能够利用专业设备将发货方的产品运输到收货方手中。散装运输适用于特定运输场合，发达国家运输化工产品的时候，主要使用的就是散装运输方式。这种运输方式的优点如下：第一，不需要对产品进行额外包装，因此有利于节省包装费用，还可以有效防止货物运输过程中的损失，根据有关专家研究发现，通过这种运输方式，每运输一亿斤油脂能节省131万元。第二，采用散装运输方式不需要对产品额外进行处理，装卸速度很快，减少了装卸时间。因此散装运输的主要优点是能降低运输费用、提高运输速度。

（4）托盘化运输。将货物按照要求放在标准托盘上，一个标准托盘就是一个运输单位，并用托盘升降机将货物搬运到指定地点，这也是一种很新颖的运输方式，该种运输方式主要有以下几种优点：第一，能够极大地提高货物运输效率。该种运输的整个运输过程全都依赖于机械操作，能够降低运输成本，还可以降低劳动工人的劳动强度。第二，有利于方便运输工人理货，减少货物损耗，用托盘作为运输工具，每个运输托盘上的货物重量差不多，这样有利于清点货物，还可以防止货物损失。第三，托盘运输的投资少，运货速度很快，整个运输时间较短。但是托盘运输也有很多不完善的地方：①能够进行托盘运输的货物数量很少。比如箱装物品等，适合用于托盘运输，但是对于体积各异的家具等笨重物品，或者对保鲜要求较高的物品，很难采用这种运输模式。②托盘运输的运输费用增加。因为在托盘运输中，托盘自身占了一定重量，因此大大提高了运输成本。

虽然说托盘运输发展水平较高，但是相对传统运输方式来说，托盘运输方式还不足以引起对传统运输方式的根本性变革，可以结合集装箱运输方式，通过塑造密闭环境，在不同区域内完成运输，因此托盘运输可以向集装箱运输转变。

3. 运输合理化

在完成货物运输的时候，必须要重视运输合理化。每一种货物都有合适的运输方式，利用系统性原理，对运输过程进行优化处理，减少运输中不必要的中间环节，降低拖慢运输速度的影响因素，让货物能够以最快的速度从一个地点运输到另一个地点，这就是运输合理化。运输合理化有利于提高货物运输速度，保护发货人和收货人的利益，也有利于最大化降低运输成本，保护承运方的利益。因为运输对于货物很重要，因此所谓物流合理化，指的就是运输合理化，对运输有影响的因素有五个，我们分别对这五个因素进行介绍：第一，运输距离。运输距离会影响运输成本和运输效率，因此运货商倾向于在两点之间选择最短路径完成货物运输。第二，运输环节。在运输过程中，每增加一个环节都会增加一定的风险，也会增加一定的运货成本，因此适当减少运输环节有利于提高运输效率。第三，运输工具。

每一种运输工具都有各自的优点和缺点，应该按照运输距离的不同，运输路况的不同，选择最合适的运输工具。如果两点之间有水路，再加上对货物时间要求不那么急，可以选择水路运输。如果两点之间没有河道，同时两点之间的距离较远，最适合选用的运输方式为铁路运输，如果两点之间的距离很近，而且还有高速公路，最好选用公路运输。第四，运输时间。运输时间对货物运输也很重要，尤其是远距离运输，对时间的要求更高，缩短运输时间，有利于提高货物流通效率，也有利于提高社会资源运输效率。要想降低运输时间不仅依赖于运输工具，而且还依赖于优化运输路线。第五，运输费用。运输货物需要耗费运输费用，这点毋庸置疑，运输费用决定了运输企业的竞争能力，将运输成本压到最低，运输费用也尽量压低，有利于争取更多客户。

运输合理化主要通过以下方式实现：

第一，分区产销平衡。在不同地区进行物流活动的时候，使用分区产销平衡能够提高产、供、运、销计划性，也有利于消除不合理运输对运输过程的影响，帮助运输者利用好当地运输资源，还有利于降低运输成本。

第二，直达运输。在这种运输方式中，能够减少货物在商业、仓库等中间环节浪费的时间，可以将货物从某个地点直接交到消费者手中。随着技术发展，这种运输模式越来越受到消费者欢迎，受到企业的欢迎。有了直达运输模式，能够降低中间环节的时间耽搁和费用浪费，提高物流效益。

第三，提高"装载量"。让每辆货车都能达到最大装载量，这样可以降低货物运输中使用的货车数量。一般采取使用分单体运输；轻重配装；货物合理化堆码；"零扭"等方式。

第四，推进综合运输。推进综合运输体系，提高货物的运输能力，有利于缓解交通紧张导致的货物运输问题。整体来看，我国的货物运输很不平衡，有些地区道路窄，但是需要承担较大的运输压力，有些地区道路宽阔，但是运输压力很小。综合运输的工作就是解决这种不平衡问题，提高道路运输能力。

不同运输方式合理结合成特定的运输结构，可以充分发挥每种运输方式的优势，提高运输效率，最大化发挥经济效益。促进运输合理化的影响和作用表现如下：

首先，通过合理组织完成货物运输，有利于加速社会再生产过程，让国民经济能健康发展。通过合理化运输，有利于让物品从一个地点转移到另一个地点，也有利于实现资金高速运转。

其次，运输合理化有利于节约费用，让发货人花更少代价完成货物运输，更有利于承运人降低货物运输成本，提高核心竞争力。运输费用对货物运输很重要，选择合理运输路线，不断优化运输方案，才能实现运输合理化。运输合理化必然会达到缩短运输距离，发挥运输工具效用，节约运费的效果。

再次，通过运输合理化缩短货运时间，促进商品流通。因为运输时间由运输工具、运输距离等因素决定，而运输时间的长短往往是发货人选择或不选择某个发货机构的原因。通过优化发货速度，可以缩短货物在不同节点的运动时间，能够让货物及时到达某个地点。这样可以提高运货效率，减少货物占据的库存空间，起到节约资本的效果，也有利于加快社会化再生产。

最后，通过运输合理化，有利于缓解运力紧张。通过缓解运力紧张，有利于帮助企业节约资源，运输合理化帮助人们解决了很多不合理运输现象，相信随着社会大生产发展，货物运输将日趋合理，也有利于降低运输过程中的能量消耗，提高对资源的利用率。

运输合理化的实施措施可通过以下方式进行：

第一，提高运输工具实载率。充分发挥运输工具的运输潜力，因为运输工具在运输的时候不一定全部利用运输工具的所有空间，因此尽量减少不满载现象，有利于加快货物运转速度，也有利于降低运输成本，如在配送农产品的时候，可以将占用空间不满的农产品合并在一起运输。

第二，建设节约高效的运输体系。减少劳动力投入，提高货物运输能力，让运输体系更加完善。提高运输能力可采用的途径有：①"满载超轴"，这种方法指的是在不超过货车运输上限的情况下采用多加挂车皮。②采用水运拖排等方法。利用竹、木等搭载货物，完成运输，因为竹、木本身具有浮力，可以支持其漂在水上，让拖轮拖带竹、木前进，有利于进一步提高运输能力。③顶推法，让所有的内河驳船按照队形排列，交给机动船推动内河驳船前进，这种运输方法的最大优点是阻力很小，运输效率高，再加上机动船能够推动多个驳船，有利于降低运输成本。④汽车挂车，该种方法的原理跟船舶拖带等方法类似，有利于提高汽车的运输能力。

第三，发展社会化的运输体系。随着社会化大生产发展，运输也趋向于社会化，分工也变得越来越精细，过去整个运输链全都交给一个公司处理的现象已经一去不复返了。社会化运输体系中，效率最高的运输方式为联运体系运输，该种运输方式因为运输效率高，分工形成度高深受消费者欢迎。

第四，加强流通加工，提高运输合理化。加强流通加工是追求运输合理化的一种重要形式，能够通过减少中间环节，减少过载、换载现象，提高运输效率，还有利于降低农产品在运输过程中发生的损耗，从而大大提高运输效率。因为农产品自身具有特殊性，达到运输合理化的要求较高，实现有较大难度。如果对农产品进行初级加工，有利于解决农产品在运输过程中发生的损耗问题，如将其净化处理、标准化包装，以减少腐烂或变质。在运输水产品和肉类产品的时候，可以在运输水产品和肉类产品的封闭空间内放上冰块儿，这样有利于减少这些产品在运输过程中发生的损耗。

第五，发展特殊运输技术和运输工具。使用新科技技术，促进运输合理化。我国鲜活农产品很多都是以未加工的形态来运输的，大部分的水果、蔬菜等在没有任何处理的情况下，露天装车，用普通卡车开放式运输，为了防止水果被太阳照射流失水分，最多在卡车上盖上一块帆布。或者是用棉被保温，防止热量散失。这些粗放式运输让农产品安全问题受到威胁，导致部分农产品在运输过程中受到损坏，或者受到外界污染。用冷库、冷藏保温车等保持和延长实况农产品的物理特性；用专用散装车等运输液体，有利于提高液体运输的安全性，也有利于防止损耗；滚装船的出现也解决了很多货物运输中出现的问题，再加上集装箱船要比普通船只能容纳更多货物，这些都是通过新科技技术，提高货物运输能力，让货物运输合理化的有效途径。

4. 农产品运输不合理的表现

不合理运输方式阻碍了农产品运输，降低了农产品质量。当前科技水平发达程度不够，导致运输时间无法控制在理想范围，运输费用超过发货人的承受能力。整体来看，我国的运输成本还没有达到最优水平，运输机构还有很多无货运输、对流运输等现象，造成市场价格的竞争优势不足。农产品运输中存在的主要不合理运输形式有：

第一，返程或起程空驶。因调运不当，或者是运输路线设计不合理，很容易出现空驶现象，将严重浪费运输资源，造成这一现象的原因如下：没有和社会化运输体系合作，通过自备车送货，这样容易导致运货去往某地需要运输大量货物，但是返程空车的现象；因为工作计划失误，没有筹划好返回运输任务，导致车辆空驶；因为部分车辆只能运输某列货物，导致车辆运输货物去往目的地的时候，不得已空驶回来。

第二，对流运输。该种运输方式也叫作相向运输，在运输同种货物时，这些货物彼此可以互相取代，不会影响到货物管理，或者在同一线路上完成对向运输，导致跟对方运程发生了重叠。对于某些已经制定了合理流向图的运输产品，最好按照既定的流向图运输货物，如果跟这个流向图恰好相反，也可以称为对流运输。

第三，迂回运输。该种运输方式指的是在可以选择短距离运输情况下，却选择了长距离运输路线的形式。迂回运输在计划不合理，对于当地地理路线不了解的情况下容易发生。若有短距离路线未加选择，反而选择长距离路线的情况，我们将其称为迂回运输，但是对于短距离交通路线有施工、故障等现象，这种情况下不能将其称为不合理运输。

第四，重复运输。若本来具备将货物运送到目的地的条件，但是还没有到达指定运输地点，就将货物卸下，再重新将货物装箱运输到指定地点，这种运输方式属于重复运输，该运输方式增加了运输过程的中间环节，也增加了货物损耗，浪费了人工。

第五，倒流运输。这种运输方式相比对流运输不合理程度更为严重，这种运输方式造成了双倍浪费，将货物从销售地运输到生产地，或从某地中转后又运回初始地，这种方式叫作倒流运输。

第六，过远运输。在运输某种资源的时候，邻近地区有这种资源但是却不选择，而选择从更远的地区调用资源，导致货物运输时间过长，占用时间较多。加之在运输过程中出现了货物损耗情况，自然而然地增加了运输成本，这种运输方式称为过远运输。

第七，运力选择不当。这种运输方式指的是没有合理选择运输工具，导致运输成本提高，运输时间变慢的运输现象。一是不选择水路运输，而选择陆路运输。因为水路运输成本较低，因此在有水路条件下，一般会选择水路运输，如果运输者不选择这种运输方式，而是选择铁路运输，将会增加运输成本。二是铁路或大型船只的过近运输。指的是不适合利用铁路运输，反而选择铁路运输的运输形式，有些货物不适合用铁路运输转运，因为铁路运输机动性差，运输方式不够灵活，如果两地距离较短，最好用公路运输，用铁路运输不仅发挥不了成本优势，而且还会拖慢时间。并且，铁路运输装卸慢，如果装卸时间过长，又会增加时间成本，造成运货人的不满。三是没有选择合适承载量的运输工具。在不考虑运输工具承载力的情况下，盲目选择运输工具，导致因为运输较多，货物运输工具受损，有些运输工具没有载满货物，浪费了运力，同时又增加了运货成本。

第八，托运方式选择不当。对于运货方来说，没有选择最佳运货方式，偏偏选择了另外一种支出较多的运输方式，比如本来应该选择整车运输，却偏偏选择了零担托运；本来应该选择直达，却偏偏选择了中转运输等。

第九，无效运输。在运输农产品的时候，部分运输属于无效运输。比如食用蔬菜，我们只食用蔬菜的果实部位，不食用蔬菜的根和发黄的叶子，有一些蔬菜因为刚刚从田地里挖出，还携带泥土，这些都增加了无效运输，根据统计发现，运输100吨蔬菜的时候会有20吨无效运输，这些无效运输不仅增加了运输成本，还影响消费者对产品的购买欲望，让运输环境变差，让蔬菜更容易腐烂。

三 农产品多式联运的理论

（一）农产品多式联运的概念

联合国在 1980 年《联合国国际货物多式联运公约》[①] 中指出，多式联运的承担者按照委托人的需求，承担了将货物从起点运达至终点的全程运输，并且在运输的过程中，采用了两种或两种以上的运输方式，这种运输的形式，称为多式联运。多式联运并不是一种新型的运输模式，它是通过将现有的运输方式进行组合而形成的一种运输模式。从多式联运的承担者角度看，在具体实施过程中，有的企业可以独立承担多种运输方式的运输需求，有的企业需要与其他运输方式的企业进行合作才能提供多式联运的运输服务。对于多式联运的需求者而言，能够满足其一票到底，统一负责的需求，在运输过程中使用了两种及更多的运输方式，就称其为多式联运的方式。

农产品多式联运是指针对农产品运输过程中通过两种及以上多方式联合运输的方式将农产品从起点运达终点的全过程。换言之，在农产品的运输过程中，如果运输的承运人签发给托运人凭证，承诺提供从产地到目的地的全过程运输服务，通过多种运输方式来实现，就称之为农产品多式联运。按照运输的方式来看，农产品的运输目前主要有公铁联运、铁水联运和公铁水联运等多种联运的方式；按照运输农产品的地域来看，主要有国内多式联运和国际多式联运的方式。在以往的农产品运输市场中，单一的公路运输和铁路运输占据着主要地位，随着人们对农产品"从产地到餐桌"的需求出现，公铁联运、铁海联运开始出现，滚装运输和集装箱设备的发展，快速铁路和高速公路及港口航运的快速发展，多式联运的基础设施和条件越来越完善和成熟，也促使公、水、铁等各种运输方式之间的组合越来越灵活。具体的农产品多式联运体现出以下特点：

一是只有一个多式联运承运者，该多式联运承运者可以由运输企

---

① 1980 年 5 月 24 日在日内瓦举行的联合国国际联运会议第二次会议上，与会的 84 个会议成员国一致通过该公约。全文共 40 条和一个附件。该公约在结构上分为总则、单据、联运人的赔偿责任、发货人的赔偿责任、索赔和诉讼、补充规定、海关事项和最后条款 8 个部分。

业自己承担，也可以是提供多式联运服务的专门企业或者第三方物流。

二是只有一份合同。该合同涵盖了从农产品运输的起点直到终点的全过程，并且对多式联运承运者、托运者之间的责任和义务进行明确界定。给予托运者的是一份凭证，费用也由多式联运承运者收取。运输全程由承担多式联运的承运方负责统一组织和协调运输流程，多式联运承运者直接对托运者负责。而其他分段承运者如公路、铁路和水路运营者则无须面对托运者，而直接对多式联运承运者负责。

三是农产品的运输过程中使用了超过两种的运输方式。若全程仅使用一种运输方式，则不属于农产品多式联运的范畴。

（二）农产品多式联运的特点

农产品多式联运具有独特性，主要原因在于其所运输对象的独特性。农产品具有与其他工业商品完全不同的特点，这与农产品所包含的具体对象有着密切的联系。要研究农产品多式联运的特点，首先需要明确农产品的具体含义。对农产品的具体含义目前的观点较多，确定一个统一的农产品界定标准，对分析农产品多式联运的特点至关重要。

1. 农产品的分类和特征

联合国颁布的《联合国关于国际贸易标准的类别目录》① 对于农产品的具体分类有详细的界定，从食用或非食用的角度，将农产品分为食品、动物以及饮料和非食用的原材料和相关的工业原料等类别，该法规又称为 SITC 类别。而联合国统计部门则在《商品称谓和编码的法规》② 中指出农产品的分类主要有动物类、植物类以及相关的油类和食品类等产品品类。该法规也被称为 HS 类别编码。这两项法规主要的目的是使全球范围的各种商品的分类达到统一和标准化。具体

① 国际贸易标准分类（Standard International Trade Classification），简称 SITC，主要用于国际贸易商品的统计和对比的标准分类方法。

② 《商品称谓和编码制度》（The Harmonized Commodity Description and Coding System），简称 HS，主要用于协调国际上多种商品分类目录而制定的一部多用途的国际贸易商品分类目录。

分类如表 2-1 所示。

表 2-1 国外农产品的分类

SITC 分类		HS 分类	
类别	名称	类别	名称
1	食品、活动物	1	活动物及动物类产品
2	饮料、烟草	2	植物产品
3	非食用原料（除燃料）	3	动植物油、蜡产品、精致食用油脂
4	矿物燃料、润滑油及相关原料	4	食品、饮料、酒、醋、烟草产品

我国对农产品的分类主要有农业部和中国农业信息中心的分类标准。农业部从生产加工的角度对农业产品进行了分类，总共分为 16 大类。其中前面 14 类主要为农业直接产出品，如棉花、植物油类、食用油籽类、茶叶、粮食、糖类等。而对那些经过二次加工或再次加工的农业产品归入其他农产品类别中，主要包括可可、烟草、酒和饮料等。根据此数据可以获取加工类农产品和未加工农产品的相关信息并综合掌握该两类农产品的产出和市场态势。我国农业信息中心也发布了相关的分类，将农产品具体分为 16 类。具体分类明细如表 2-2 所示。

表 2-2 我国农产品的分类

机构	产品分类明细
农业部	茶叶、粮食、食糖、棉花、植物油、食用油籽、其他等共 15 类
农业信息中心	稻米、小麦、油类、糖类、棉花、水产、蔬菜、水果、粮食、牲畜、其他等 11 类

从上述国内、国外对农产品的分类标准来看，不管按照什么标准分类，农产品的种类都是非常多元化的。界定农产品的分类是进一步研究农产品多式联运的基础。本书着重研究与国计民生相关的"菜篮子"类农产品。并将这些农产品分为鲜活农产品、加工农产品、耐储

运农产品三大类。其中，鲜活农产品主要包括新鲜水果、蔬菜、水产以及活禽活畜等；加工农产品主要包括经过二次加工、包装、冷冻等过程的农产品；耐储运农产品则主要包括粮食、棉花、食用油等农产品。每一类农产品都具备不同的特性，所适用的农产品运输方式也是不同的。

明确农产品的具体界定和分类，需进一步了解农产品在自然环境及自身生产相较于工业化产品而言，其自身具有的独特特征，我国农产品的特点有如下几个方面：

第一，农业产出具有季节性特点。农产品存在收获的淡季和旺季，旺季时农产品的运输需求增大，淡季时农产品的运输大幅度减少。这种自身生产的时间性导致农产品运输在总体上呈现出不平衡的状态。农产品的季节性对于农产品的运输有特别的要求，产出旺季时需要大量运输车辆、船舶的调配、运输路线的规划以满足大密度的运输需求。淡季时已有的运输工具和运输路线则需调配到其他产业从事运输，以避免运输能力的耗费。

第二，农产品产地分散、品类多样化。农产品的品种涉及动物、植物和微生物，品类范围广，特点不一。各个农产品因为自然条件的不同，产出数量和质量就会存在差异。与工业产品可以具有标准化的特点不同，农产品会表现出对环境、气候更多的依赖，达到标准化的难度更高。我国地理位置无论东西还是南北的跨度都较大，地理特质和气候条件差别较大，地区跨越温带气候带、热带和亚热带气候带等，因此我国的农业产出品类非常广泛，对于运输而言，要满足多元化农产品的运输需求难度是很大的。某些农产品还表现出一定的区域性，如南方产的热带水果在北方种植培育的成本非常高。各地区会出现某些农产品品种的地理优势，从而形成垄断优势。

第三，农业产品具有易腐蚀变质的特性。农产品因为它的有机特性，产品在产出后仍然存在它的生命周期，保存期限相对有限。因此导致农产品的消费具有一定的时间约束性。尤其是蔬菜、水果，因为其生鲜特点，极易腐烂，肉类、鲜活水产也同样因为对储藏条件的特定要求，需要在产出后快速地进入市场，及时运输到消费者手中。这种有机特性还决定了对运输的特别要求，要达到农产品进入消费者手中依然保持较高的新鲜度和相应的品质，这就对运输的时间提出了较严苛的要求。农产品运输过程首先需要运输可以快速反应，及时流通。其次，农产品的运输需要结合不同类别选择不同的运输工具和运输方式。针对粮食而言，对时间的敏感性不如鲜活蔬菜、水果，可选择散装，利用长距离运输实现。而肉类、水产品则需要配备相应的冷藏设施，对运输工具内的条件要求较高。同时，在运输中还同样要关注成本的降低，需采取相应的措施降低运输过程中以及转运和装卸的耗费。

第四，农户的地域分散性。我国广大的耕地面积，也决定了农民分散于全国各个不同的区域。只有极少数地区有些企业实现了种植的规模化，大部分由分散的农民个体承担。农产品的产出地也呈现分散特点，检测、整理、运输、装卸的工作相对复杂，农产品的运输也表现出分散性的特点。大部分的运输也是由零散的农民承担，整体运作缺乏规划，也在一定程度上导致了农产品运输的不平衡。

2. 农产品多式联运的特点

正因为农产品自身独有的一些特性，对于多式联运全过程提出了较高的要求。农产品在多式联运的过程中需要快速地进入流通市场，要求快速、及时、低耗、安全地送至消费的终端。农产品特定的生命周期对多式联运的保鲜储藏技术和设备也提出了较高的要求；农产品的季节性对适时运输的需要和对运输设备、路径的合理调配的需求；农产品在多式联运过程中的易腐性对运输设备和时间、运输距离、路径提出的要求；农产品生产的地域性、分散性导致运输的不均衡，从而对转运过程中装卸、转运导致的风险性提出了运输方面的要求。若不能满足则可能导致农产品的成本上升，进而影响到价格的变动。为保证其品质和质量，缩短其运输周期，在较短的流通周期内保证农产品的及时、迅速、安全、质量的送达，满足消费者的需求，在农产品的多式联运过程中需要做到以下几个方面：一是保证农产品运输的及时性；二是为保证农产品的品质质量尽量缩短时间和运距，降低损耗和事故；三是选择最佳的运输模式组合，实现各个运输方式的优势互补，以最短的时间和距离，最佳的路径实现消费者的运输需求。

（三）农产品多式联运系统的完整性

农产品的运输服务的提供，也即运输产品的提供，在运输市场上具有完整的特性。所谓的完整运输产品，是指客户所需要的从起始地到最终目的地的货物位移。① 作为需要产品运输服务的顾客而言，完整的成品指的是由运输承担企业根据市场的需求，完成特定农产品从产出地最终到达消费者家中的位移，从而满足顾客的需求。该产品是借助于运输企业的运输车辆、运输设备和相关技术，完成顾客要求的在特定时间段内，特定区域内的产品的位移。若该运输产品未能按照要求送至最终目的地，则顾客的主要需求未能得到满足，违背了客户希望完整地运输产品的需求。从提供运输产品方的运输企业而言，提供完整运输产品意味着运输的各个环节能够有效衔接，才能使货物在多个运输段中流通顺利，实现从起点到终点的无缝隙运输服务。这对于目前相对分割的各种运输方式的组织、技术、工具、信息等多个方面提出了更高的共同协作要求。承担每一种运输方式的运输企业，构成了完整运输产品的各个单元，所有这些单元的组合最终形成一个结构化的系统。

1. 供需双方对完整运输服务的需求

顾客对运输产品的完整性需求，迫使运输网络本身具有可以提供完整性运输服务的能力。在一个竞争性运输市场中，顾客拥有较大的选择权。顾客会根据他们最直接的需求，选择可以满足货物从产地到餐桌的某种运输方式。运输企业若能提供给顾客更加敏捷并且质优价廉的完整的运输服务网络，则该企业在市场上会更具有竞争力。比如我国的快递运输市场，目前已经可以通过公铁联运的方式满足客户订单式的服务。顺丰快递公司在全国多个机场建立了较大规模的工作场地，利用航空和汽车组合的方式，为顾客提供非常快速的服务。中铁

---

① 荣朝和：《从运输产品特性看铁路重组的方向》，《北方交通大学学报》（社会科学版）2002 年第 1 期。

快运公司也将全国的铁路货物运输与公路运输相组合，公铁联运的运输方式对全国货运市场的繁荣起到了重要的作用。农产品运输市场，同样符合以上特点，运输企业所提供的多式联运的运输模式，能够适应顾客对农产品完整运输服务的需要，在农产品运输市场上将会受到顾客的欢迎，也提升了该企业的市场竞争力。这种多方式联合运输的模式必将使整个农产品运输市场的竞争更为激烈，农产品运输的网络将会因顾客的完整性需求而趋向于体现出更完整的脉络。

农产品运输的单个或者多个承担者们的最终目的是将产品从起点最终运达至终点，消费者真正需要的就是市场可以提供实现农产品从起点到终点的服务。但是目前体现在市场上的具体状况却是，多数的运输服务是分阶段进行的。农户和农产品消费者无法从目前的市场上找到一个可以直接提供农产品从起点到终点的运输提供者，转而自己主动去将各个分散的运输段落衔接起来，这种做法必然提高农户和农产品消费者双方的交易成本。如果农产品运输市场上出现这种可以实现一份订单、直达终点的服务，并且价格适宜，这种服务本身必然会给其他传统的运输模式提供者带来冲击和竞争，整个市场因为"鲇鱼效应"而更加充满活力。因为市场竞争的关系，运输的提供者必须努力顺应市场发展的趋势，逐渐地采用这种方式。与此同时，农产品的最终消费者也会因为这种方式的便捷而产生偏好。从市场角度看，买方也即顾客就是上帝，顾客的需求最终将会引导市场发展的最终趋势。

2. 资源整合对完整运输服务的需求

我国在"十二五"规划的发展指导中指出，目前我国综合交通运输的发展过程中不平衡、不协调和发展的不可持续性问题非常突出。在农产品运输领域中，不可持续性主要体现在各种运输方式单独运行，市场被割裂为各个独立的部分，导致运输的设施重复建设、成本负担加重。运输的方式中，每一种运输方式都具有自身的优势，同时在特定的条件下，又会显现出相应的劣势。对于农产品运输服务的承运者而言，将各种运输模式的核心优势结合在一起，使原有单一运作的各种运输单位相互组合，形成一个完整的运输结构。这种网络式结构可以优化运行效率，减少中间环节，从而降低整个运输服务过程中的成本、损耗，从而实现更大的利润。另外也使得委托人获得最佳的运输路线、最短的运输时间、最高的运输效率、最安全的运输保障和最低的运输成本。资源整合的结果实现了运输市场上"双赢"局面。委托人得到点到点、门到门的"一站式"的运输服务。承运人通过一定的连续体系，自始至终地对货物加以控制，在流通过程中追求综合价值链中的利润。

（四）农产品多式联运的链条网络

多式联运网络体现出链条网络的形态，一般可从两个角度来划分，一方面是从横向链条上所有参与者的角度，由各参与者所经营的各种运输枢纽、港口、站点和线路组成的。具体体现为一个多起点、多路径的交叉组合式的复杂网络系统。另一方面是从纵向链条即物流供应商的角度，从其分别负责的运输、储藏、卸载等各个分阶段公铁组合而成的系统。

纵向链条上所涉及的参与者众多，各个分段运输承运人承担着运输的主要工作。分段承运人由于某些局限只能做到承担运输市场上的部分工作。比如铁路运输无法做到将轨道修筑到每家每户，而水路运输对于地理环境有更严格的要求，必须在具备海、湖或江河的地方修建港口，机场也不可能修建在居住人员密集的地带，这些地理环境的要求使其不可避免地只能提供承担阶段性的服务。汽车的出现，突破了其他各种运输方式的局限性，将各个分散的承运工作有效地链接起来，使多式联运成为可能。公路网络迅速遍及各地，直至偏远地带，通过与其他运输方式相互配合，真正实现了"送货上门"的顾客需求。农产品的运输市场要实现其服务的完整性运输，必然要通过各种不同运输方式承运人之间的合作，才能共同完成从农民到消费者之间的一体化过程。多式联运的方式正是由于运输市场的需求应运而生的产物。这一方式的出现对运输链条上的相关参与者而言有利于实现利益共赢。对于整个农产品物流供应链而言，由于运输参与了整个物流过程，因而这一环节的流畅性也进一步理顺和促进了物流供应链的运作通畅。

1. 保障横向链条上相关参与者的利益

农产品从产出到餐桌的过程，多式联运就像一个桥梁将处于两端的农民和消费者连接起来。从横向来看，在这一链条上涉及众多参与者，比如农民、消费者、中间的承运人等。对于农民而言，生产的农产品运输到市场方，获得一定的收益，若在这个过程中运转更加迅速快捷，保质保量，则农民收益得到提高。对于消费者而言，运输到家门口的农产品解决了必要的日常饮食，若此运输网络效率较高，农产品在运输过程中的损失减少，经手的环节缩减，则消费者减少了购买的成本，提高了生活的质量。而对于运输的承担方而言，运输的时间、距离以及运输的成本和损耗都能达到最小的情况下，其收益也将得到提升。通过协调好全程的转运配合和转运次数，可以有效地降低成本，提高综合运输过程的全程价值。因此，多式联运的过程，是实现农民、消费者和运输者的有效途径。

2. 链接纵向链条上物流供应链的畅通

农产品运输环节是整个农产品物流供应链大系统中的一个子系统，从纵向链条上来看，农产品多式联运环节的高效运转可以进一步带动农产品整个流通环节链条的效率，对供应链的上游和下游起到良好的衔接作用。同时，可以进一步推动农业运输的技术、设施、线路设置，运输工具以及信息平台的发展，从而实现农产品运输系统的现代化发展。农产品运输系统的优化，既可以保证农产品的安全和质量，促进农产品物流所涉及的整个供应链的发展，又可以促使运输资源得到有效整合，推动农产品运输网络的完善。农产品运输网络的进一步优化，对于经济结构调整，形成现代化农业经济的态势起到有力的支撑作用。

（五）农产品多式联运的主要方式

1. 农产品多式联运的具体方式

农产品的多式联运可以选择现有的铁路、公路、水路和航空、管道运输等任何两种或两种以上方式的组合。但是，由于农产品的特性和成本的因素，只有液体农产品会选择管道运输的方式。航空运输的方式具有较高的成本，运输的承担者一般情况下不会选择航空运输，除非是紧急调配的运输，或较稀缺的高价值农产品可以利用航空运输的快速优势。近年来少数实力雄厚的大型企业尝试选择航空实现远距离运输水果，目前这种形式属于尝试阶段，且必须具备规模化运输才能保障利润，运输的成本较高，对于大部分比较分散的中小运输企业的农产品承运者而言，尚不具备实力承担较高的成本和抵御较高风险的能力。因此，目前市场上农产品多式联运的主要方式有公铁联运、铁水（海）联运、公水（海）联运、公铁水联运等几种形式。

2. 多式联运方式选择的影响因素

在实际运作过程中，多式联运的具体组合方式受到不同类别农产品特点的影响。本书的研究对象是与国计民生相关的菜篮子类农产品。并将这些农产品分为鲜活农产品、加工农产品、耐储运农产品三大类。其中鲜活农产品主要包括新鲜水果、蔬菜、水产以及活禽活畜等；加工农产品主要包括经过二次加工、包装、冷冻等过程的农产品；耐储运农产品则主要包括粮食、棉花、食用油等农产品。每一类农产品都具备不同的特性，所适用的农产品运输方式也是不同的。针对不同种类的农产品，在实际运作中，会选择不同种类的运输方式相互配合，例如针对耐储运农产品如粮食、棉花等农产品一般适宜大批量运输，发挥铁路运输可以承担大规模、长距离的运输，且运输成本低，运输具有连续性和安全性的优势。所以，此类农产品的运输较为适宜的运输方式为铁路运输为主，同时配合以公路或水路的联运方式。而对于保鲜期限要求比较高的鲜活农产品则适合选择以公路运输为主，具备制冷运输条件的可配合选用铁路和水路等其他运输方式。以发挥公路运输在短距离运输方面具有及时、快速、反应敏捷、方便等优势，还可以实现门到门的运输。目前，随着铁路不断提速，原有铁路不具备快速的劣势得到弥补，因为快速、安全、长距离运输及大批量的特点，快速列车开始涉足鲜活农产品市场并受到欢迎。针对储藏时间较长的农业产品，可以选择以水运为主，配合公路或铁路的联运方式如海铁联运、公海联运等方式。因为水运可承担大吨位的运货量，且运输的成本不高，适合对运输时间不太敏感的农产品运输。

（六）农产品多式联运系统的组织形式

因为涉及多种方式的运输，每一种运输方式都可能从属于不同的组织管理机构，在我国大部制①实行以来，各种运输方式逐渐归集到交通运输部门的管理范畴，探讨实现多式联运的组织方式成为可能。在具体运作过程中，农产品多式联运的具体实践可以通过以下几种组织结构得以实现：

第一，紧密的组织结构形式。指各种运输方式的组织共同组建成一个统一的运输组织网络。运输的完整性即可以依托此统一的组织来统一调配，避免了各自运行将各种运输方式割裂开来的现象。

第二，松散的外部合作形式。具体的运输仍然由各个运输组织内部承担，运输组织之间通过契约的形式共同合作，完成货物由起点到达终点的运输请求。此种形式下各种运输方式仍由各个不同的运输组织管辖，组织形式分散。

第三，虚拟组织合作的形式。虚拟组织实际上是通过各个运输企业之间的战略性合作所组成的一种联盟的形式，这种模式较之第二种形式，合作更为紧密些，但无法像第一种形式一样高度紧密地合作。

在市场的推动下，率先出现了第二种形式的合作，目前这种方式较为常见。该方式一般通过契约的方式完成，目前实践中有三种具体形式：一是多式联运主体与托运人签署合同，不参与运输环节，以分合同的方式与其他各分段运输承担者合作，并统一协调整个运输过程。二是多式联运主体承担着部分运输路段，并把其他运输任务分别外包给其他承运者，该主体同样与托运人签署合同。三是多式联运主体不承担运输任务，但会承担整个运输全程的服务支持，如装卸、拆箱等服务。第二种形式是目前我国的常见模式，国内外一直在探索第三种组织形式即虚拟联盟的合作形式，这种方式最终会走向第一种方式即统一组织过渡的方式，未来的趋势必将促使各个运输组织逐渐合

① 大部制，是大部门体制的简称。指将政府部门中职能相近、业务范围相似的事项归由一个统一的部门进行管理。其核心是政府职能的转变，避免政府职能出现交叉性管理。十七大报告中首次提出改革思路，2008 年，全国范围内开始实施大部制改革。

并，逐渐统一。

第二节　研究的理论依据

一　系统理论

本书在这里提及的理论，指的是有关系统的全部理论。当前学术界认为系统论产生于 1940 年，是由 L. V. 贝塔朗菲[①]提出的，后来又有很多学者逐渐完善了这个理论，大大深化了该理论的内涵，逐渐发展出了一般系统论、控制论、信息论等理论。

1. 系统的概念及其特征

系统，通过多种互相联系的个体组成，相对于环境来说，它属于一个有机整体。由于系统可以被划分为若干层次的要素，因此在系统中，要素具有相对性。

我们可以通过不同的角度来看待系统，若从自然界角度来看系统，系统可以分为三种，分别是无机系统、生物机体系统、社会系统；如果按照系统和人的关系来看，可以分为两种：自然系统和人造系统；如果按照系统和环境之间的关系对系统进行分类，可以分为两种：封闭系统和开放系统；如果按照系统和时间之间的关系对系统进行分类，可以分为静态系统和动态系统；如果按照系统要素种类来对系统进行划分，可以将其区分为实体系统和概念系统；如果按照系统的复杂程度来划分系统，系统的分类就更广了，如小系统、大系统、超大系统等。

系统按照特征的不同，具有集合性、相关性、层次性等特点。对于人造系统来说，相对于其他系统，人造系统具有鲜明的目的性。因为系统由多个元素组成，系统具有集合性，一个单独的元素是不能被

---

① L. V. 贝塔朗菲（L. Von. Bertalanffy），美籍奥地利人，理论生物学家。1932 年提出系统论思想，后逐渐完善该理论，奠定了该学科的理论基础。本书引用的系统理论主要来自其代表作《一般系统理论基础、发展和应用》。

称为系统的。除此之外，系统中的各个元素是相互独立的，它们之间具有明显的分别。在认识系统的时候，我们必须要识别系统中的各个要素。系统的相关性指的是不同系统之间具有联系，它的各个要素绝对不是孤立存在的，这些个体要素之间存在各式各样的联系。系统的联系指的是系统的不同元素之间发生的交换，如果只是一部分元素发生变化，将有可能导致其他的元素也发生变化，这就是元素和元素的相关性。比如企业的销售部门工作质量差，导致很多产品没有销售出去，给仓库管理人员增加了困难。层次性也是系统的重要特征之一，每个系统都具有复杂的结构，比如联想公司有各个分公司，这些分公司又有各个组织机构。系统具有整体性，因为系统都是由元素机械似的组成的，而且是有内在联系的，系统的整体性会让系统产生"1+1＞2"的效果。贝塔朗菲表示，虽然说每个人都是由很多个细胞组成的，但是这些细胞并不是简单地堆积起来的，而是有着复杂的结构。比如人体的肝器官和心脏器官都是由细胞组成的，但是这两个器官所实现的功能却完全不同。系统对周围环境有价值，主要表现就是将外界环境对系统的输入，经过系统转换，变为系统输出的过程。比如说消化系统承担的功能就是将人们摄取的食物转化为能量，供给其他器官使用。每一个系统都有不同的功能，这是系统和系统的本质区别，肝脏系统和心脏系统的主要不同，就是因为这两个器官的功能不同。系统要受到环境制约要跟周围的环境发生交换。系统是有一定结构的，组成系统的元素数量不同、比例不同，所构成的系统也就不同。除此之外，系统还要受到环境影响而发生变化，比如企业在加工机械产品的时候，周围的环境和湿度都会影响到加工机械产品的质量。系统是处于动态变化中的，一个系统绝对不是稳定不变的，系统内部是不断运动的，系统和环境之间也是不断运动的，随着时间变化，环境也不是一成不变的，而环境的变化会使系统也发生变化，比如随着经营时间变长，企业中的员工结构、员工数量、资金、设备数量等都会发生变化。随着系统存在时间变长，系统的目的性也会发生变化。如果按照是否有人工参与区分，世界上总共可以分为两种系统，一种是自然系统，另一种是人工系统。前者由自然环境组成，比如说海洋系统、生态系统等，后者经过人为参与，对系统进行了人为改造，比如运输系统、生产加工系统等。每个系统都具有目的性，系统体现了人的意志，人工系统是为了人类服务的，因此在设计系统的时候，需要仔细考虑其中的要素条件，比如说在设计交通系统的时候，应该部署多少车辆、怎样设置交通枢纽等。

2. 系统思维的特点

系统理论相对于之前人们的传统思维方法有很大区别：

（1）系统论更重视事物的整体性。E. 拉兹洛表示："人们进行科学活动，已经远远不再像以前那样只观察一个事物，看这个事物的表现。现在人们进行的科研活动是观察一系列事物，看这些事物的相互影响。"系统理论认为系统绝对不是各个要素的简单堆砌，而是一系列具有复杂功能的整体。

（2）系统论更重视事物内部结构及事物之间的联系。相对于其他理论，系统论更重视事物的内部结构和事物之间的联系，比如事物的性质联系、数量联系、排列联系等。事物和事物之间具有交换关系，能够发生物质交换、能量交换等，改造系统本质上是对事物联系和内部结构的改变。

（3）系统论更重视系统的开放性与系统和周围环境的动态变化。世界是一个整体，也是一个系统，单个系统归属于世界系统，系统不是孤立存在的，它要受到周围环境的影响。在传统的思维中，研究系统只是将系统看作一个封闭的整体。因为系统要受外界环境影响而发生变化，因此在现代研究中，不仅研究系统的内部交换，还研究系统和外部环境的交换。有机系统需要时时刻刻和外界交换能量，才能维持有机系统的生命力。

3. 系统原理在经济管理中的重要作用

系统原理在经济学中具有重要价值。西蒙①表示："随着人类社会发展，系统也成为了一个很重要的概念，主要用来帮助人们解决复杂

---

① 赫伯特·西蒙（Herbert A. Simon），美国管理学家和社会学家，经济组织决策管理大师，其著名的决策理论以社会系统论为基础发展而来，于1978年度被授予诺贝尔经济学奖。

组织问题。"斯科特等表示："现代组织理论与其他组织的最大不同就是因为它将组织看成了系统。"卡斯特等人也在研究中表示："系统理论给人们研究社会提供了新方法，有利于帮助我们解决复杂问题，看待外界环境对系统的影响，研究系统和系统之间的相互作用。"同时他还提出了协同的概念，这一概念有利于辅助我们研究处于外界环境制约中的组织。① 后来又有学者研究了系统的概念，伯法②表示："系统的概念是十分重要的，但是系统的概念又是很深奥的，了解系统的概念有利于帮助我们解决复杂问题状况，让复杂的问题变得有序化。"孔茨表示："在研究经济学问题和管理学问题的时候，都不应该不顾及系统方法。"

因此，系统管理原理有利于我们正确看待经济学问题和管理学问题，也有利于我们将这一方法广泛应用到其他领域中，让我们更好地面对系统管理，驱动系统为我们办事，这一原理在经济与管理体系中发挥着关键作用。

二　协同理论

（一）协同理论的基本思想

协同，本意为协同合作。哈肯③通过对激光进行研究，建立了协同学理论，通过研究协同，有利于我们了解各个系统之间的关系，探索在系统宏观状态情况下，发生质变的转折点附近，支配子系统产生协同工作行为的一类理论。通过分析协同作用，有利于帮助我们厘清各个子系统的关系，从而揭示这些复杂系统产生宏观变异的原因。

哈肯认为，系统说在有序和无序之间发生变化的行为被称为相变，决定系统是否发生相变的因素有很多，在学术上称为序参量。这些影响系统相变的量可以分为快变量和慢变量两种，前者虽然衰减变

---

① 卡斯特等学者在管理学名著《组织与管理》中指出了组织环境与系统的关系，首次提出协同的方法。

② 埃尔伍德·斯潘塞·伯法（Elwood Spencer Buffa），管理科学学派的代表人物之一。主要成就是生产系统管理。

③ 哈肯·赫尔曼（Haken. Hermann），德国物理学家，斯图加特大学理论物理学教授，从物理化学现象提出协同论，指出社会现象同样符合协同论的范畴。

化很大，但是往往要服从后者，对系统的结构变化或者功能变化无法起到主导作用。慢变量也决定着系统相变，但是它决定的是系统的本质，这类变量数量很少，而且衰减变化缓慢。

协同学中有很多概念，比如序参量和自组织这两个概念就是协同学中的重要内容。序参量是各个子系统协作产生的，能够用来描述整体行为，它一旦形成，会对子系统产生支配作用，能影响系统发生后续演变。序参量对子系统变化很重要，是系统是否有序的度量单位，随着序参量的变化，能够体现出整个系统的有序程度，如果系统处于无序状态，序参量也会变为 0。随着外界环境变化，序参量将发生大幅度变化，当达到阈值的时候，序参量变化达到最高值，这个时候整个系统表现出宏观有序的、有组织的状态。

当系统没有任何外力影响的时候，系统中的各个元素自发组成特定结构，实现指定功能，就是自组织现象。系统需要与外界发生物质交换和信息交换，不断向有序化前进，而系统的结构在外界环境的影响下，也不断发生着改变，最终趋向于有序。造成这类现象的主要原因是因为系统的内部结构彼此互相影响，与外界环境也发生交互，各个子系统之间存在非线性作用，这样的系统被称为自组织系统。

（二）协同理论的主要内容

1. 系统性原理

系统自行组织产生的结构、模式或者是通过自行组织表现出来的特征、行为等，这些不属于系统构成要素中的一环。这些要素主要通过各个部分互相关联，因此特征、行为等属于系统组织的产物，通过与其他成分发生作用，在系统上展现出来，最终构成系统的整体特征。企业拥有很多资源，这些资源的相互关系体现的就是系统原理协同性，企业中的各个子系统彼此联系，这些子系统共同构成了系统结构，最终影响着系统的整体功能。

2. 支配性原理

这一原理在学术上又称为使役原理，人们在学习协同学的时候，绕不开支配性原理这个概念。尤其是对于含有多个组态的系统，当系统处于无序状态的时候，这个系统的各个子系统彼此独立运动，各自负责各自的功能，这些子系统之间不具有协同作用，它们不会做出配合行为。当子系统受到力量引导，发生改变的时候，才会让其演变为有序的整体结构。整个系统才能趋向于稳定，这种能够起到决定系统的作用，被人们称为序参量。序参量是由不同组态、系统和外界环境发生互动所形成的，序参量对系统来说可以起到支配作用，最终让整个系统的功能趋向于有序化。

我们可以将社会看成是由若干个子系统构成的整体，那么各个子系统彼此联系，互相影响，这些子系统的走向决定了整个系统的走向，这些子系统的功能决定了整个系统的功能，因此我们有必要对社会这个大系统实施管理，让系统的各个子系统协调，发挥好各自的功能，有利于大大提高系统的整体功能，让系统的整体功能不再是各个子系统功能的简单加和，通过优化处理的系统，整体协调性更好，系统的整体功能更强，这种作用被称为协同效应。随着系统趋向于复杂，系统目标也就越来越高，对系统进行优化处理，得到的协同效果也就越好。

3. 自组织理论

系统从混乱无序的状态，转变为井然有序的状态，或者是从井然有序的状态，转变为新状态。在这一系列的转变过程中，需要从外界环境中汲取能量，汲取信息，作为系统发生转变的动力。也就是说，必须要达到一定条件之后才会发生转变，当系统从外界环境中汲取足够多能量的时候，这种转变才会有可能发生，即外界环境不会给系统提供该怎样组织、转变成怎样的结构、维持这种结构的信息。在这种环境下，将系统的各个子部分结合起来，加强对子系统的控制，起到优化组织效果的作用，这种方式被人们称为自组织结构。

哈肯表示，系统在形成特定的时间、空间结构时，没有外界作用对这种结构造成影响，认为系统是通过自组织而产生的。例如，产生六角形结构的流体是以一种完全均匀的方式从下边加热，它便是通过自组织在获得其特定的结构的，而外界的作用即加热这种方式，与其六角形结构是无直接关系的，这种结构的形成是其内部相互作用的结果。

　　自组织在系统演变中很重要，当然，它不是一个简单的积累过程，而是经过很长时间的积累、酝酿才发生的突变。在当前的世界中，不是任何一个系统都能够通过自组织诞生，它只能在某些特殊环境中诞生。

第三章　农产品多式联运的发展和演化分析

我国自 20 世纪 80 年代发展"菜篮子工程"以来，绿色通道的发展也日益完善，尤其是 2010 年以后五纵二横网络的建成，对农产品流通的发展产生了巨大的影响，公路运输在鲜活类农产品方面逐渐承担了重要的角色。本书将农产品分为三个大类，一是鲜活农产品，二是加工农产品，三是耐储运农产品。后两类农产品采用多式联运的形式多样，如粮食棉花等的公铁联运、海铁联运等形式。但鲜活农产品因为其对运输时间和运输条件的要求使铁路运输和水路运输受到一定的局限。鲜活农产品属于老百姓的菜篮子范畴，对人们的生活会产生较大的影响，然而，在绿色通道的快速发展繁荣背景下，绿色通道在鲜活类农产品的运输过程中逐渐出现了一些弊端。鲜活农产品大量挤占收费公路，给收费公路的运能运量带来了巨大的压力；也给公路经营部门的组织和管理工作带来了压力，公路经营部门与公路运输承担者之间的矛盾日益紧张；其他商品运输者也大量涌入鲜活农产品市场，扰乱了整个农产品市场的健康发展。在农产品运输市场中，绿色通道会完全替代铁路运输和水路运输的看法开始受到质疑。探讨和分析绿色通道与农产品多式联运的关系，有助于分析如何开展通过其他的运输形式如多式联运，来降低绿色通道带来的弊端，协调整个农产品运输市场结构的健康发展。

第一节　"菜篮子工程"的发展历程

所谓"菜篮子"指老百姓日常饮食构成中的肉类、奶类、蛋类及蔬菜和水果类农产品。"菜篮子工程"是针对我国食品市场上严重的供不应求现象，我国农业部在 1988 年提出的一项政策，目的是解决市场不平衡问题，保证老百姓全年食品的及时供应。总体发展有以下四个阶段：

一　市长负责制保证本地市场流通

1988—1995 年，在这一阶段，通过市长负责制确保城市中的食品供应得到满足，使鲜活农产品在市场上的流通更加通畅和灵活。全国的食品市场开始繁荣，食品批发市场达到 2080 个，集贸市场也达到 8 万多个，还出现了大量专业的鲜活农产品市场，市场结构得到重新理顺，更加繁荣。

二　乡村支持城市，保证主要大城市供应

1995—1999 年，这一阶段市场进一步扩大到城市周边，大棚种植得到大规模推广，鲜活农产品的数量和品种更加丰富。此阶段中几个大城市如北京、上海、南京等地由专门地市负责供应，如山东省由于农业产量和品种的突出优势，承担了几个主要大城市的菜品供应，如北京市主要由山东省的寿光市专项供应，上海和南京则主要由山东省的临沂市负责供应。

三　供需达到平衡，重视农产品质量

1999—2009 年，这一阶段，"菜篮子工程"发展迅速，全国食品市场的供应已经达到基本平衡，重点工作转向食品质量控制方面。2001 年农业部在全国推行农产品无公害计划，推动了全国范围内无公害生产基地的大量出现。农产品不仅数量丰富，质量也更为安全。

四　调结构，各种合作形式出现①

2010 年以后，国家开始调整经济体制结构，农产品市场的组织形式出现了各种形式的尝试，如各种运输公司、物流公司与农民合作，以及政府成立合作社与农民的合作等形式。在这一阶段，由于农产品的供应已经比较充足，可以满足人们的需求，"菜篮子工程"在一定

---

① 在这一阶段，2010 年中央一号文件重点提出体制和机制建设问题，此后结构调整的各种措施开始施行。

程度上被忽视。蔬菜的价格从出现不稳定现象，到农产品价格的大面积上浮，给人们生活带来极大影响。与此同时，农民的农产品出现积压，销售困难，影响了农民的收益。在这一阶段国家出台了一系列措施，尤其是绿色通道政策的新规定，降低了农民的成本和运输业的成本，对农产品价格产生了重要的调控作用。

第二节 绿色通道的发展历程

我国绿色通道政策的发展是伴随着菜篮子工程的发展逐步发展和完善起来的。所谓"绿色通道"，指在医疗、航空和其他运输部门开设的一条专门通道，符合要求的对象可以利用更方面、更简单的程序，快速安全通过的一个途径。自 1995 年开始，为了稳定鲜活农产品的价格，保证农民收入，并方便老百姓的日常生活，国务院协同交通运输部和公安部首次提出建设鲜活农产品的公路运输绿色通道。此后绿色通道逐渐发展壮大，为我国公路网的完善、农产品的流通做出了重大贡献。绿色通道的发展大致经历了以下三个阶段：

一 四条绿色通道的开通

1995 年以来，寿光—北京作为全国第一条绿色通道投入运行，保障了北京市场的农产品供应。此后陆续开通了四条绿色通道，总里程达到 1.1 万千米，确保了几个大城市的农产品市场的供给。具体如表 3 - 1 所示。

表 3 - 1 　　　　　　　　　我国绿色通道运输路线

通道名称	开通时间	里程
寿光—北京	1995 年 8 月	500 千米
海南—北京	1996 年 1 月	3300 千米
海南—上海	1998 年 11 月	2500 千米
寿光—哈尔滨	1999 年 11 月	2299 千米

资料来源：中华人民共和国交通运输部。

　　此后，其他地市也相继出台各项地区政策，提出了本地区的绿色通道的建设和优惠政策。在2004年，国务院颁布的《收费公路管理条例》中针对绿色通道上的车辆在收费方面做出了优惠调整。

　　二　"五纵二横"网络的形成

　　2005年交通部与公安部、农业部等部门协同成立全国性鲜活农产品绿色通道工作小组，颁发了《全国高效率鲜活农产品流通绿色通道建设实施方案》。此方案的目标是在全国范围内建立一个绿色通道的网络，该网络呈现"五纵二横"的布局，总里程将实现2.7万千米。"五纵二横"绿色通道网络在2005年年底建成并开通运行。如表3-2和表3-3所示。

表3-2　　全国"五纵二横"绿色通道网络布局（五纵布局）

通道	路径	国道	里程（千米）
呼和浩特—南宁	呼和浩特—西安—重庆—贵阳—南宁	G209、G307、G210	3000
银川—昆明	银川—成都—昆明	G109、G213	2700
北京—海口、长沙—南宁	北京—石家庄—郑州—武汉—长沙—广州—海口（或从长沙—南宁）	G107、G325、G207、G322	4345
哈尔滨—海口、天津—北京	哈尔滨—长春—沈阳—天津—济南—合肥—南昌—广州—海口、天津—北京	G102、G205、G309、G104、G206、G320、G105、G325、G207、G103	5500
上海—海口、鹰潭—常山	上海—梅州—深圳—广州—海口	G320、G205、G325、G207	2500

资料来源：中华人民共和国农业部。

表3-3　　全国"五纵二横"绿色通道网络布局（二横布局）

通道	路径	国道	里程（千米）
连云港—乌鲁木齐、西宁—兰州	连云港—徐州—郑州—西安—兰州—乌鲁木齐、西宁—兰州	G310、G312	4140

通道	路径	国道	里程（千米）
上海—拉萨	上海—南京—合肥—安庆—武汉—成都—拉萨	G312、G206、G318	4800

资料来源：中华人民共和国农业部。

"五纵二横"网络[①]建成后，各地与该网络并行的高速公路也陆续被纳入该网络中，整个网络在运行过程中，不断得到改进，进一步推动了我国鲜活类农产品的流通市场的发展，公路运输在鲜活类农产品的流通方面做出了巨大贡献。

三　收费公路纳入绿色通道网络

2010 年下半年，我国鲜活农产品的价格出现大幅度上涨，人们的日常生活成本加大。为了保证全国各地农产品的物价稳定，交通运输部于 2010 年 12 月将全国所有收费公路纳入到绿色通道网络范畴，对整车合法运输鲜活农产品的车辆免收通行费。同时，进一步扩大和明确了鲜活农产品的品类目录。此政策迅速产生影响，对承运人而言，取得绿色通道通行证的门槛非常低，收费公路通行费取消，运输的成本大大降低。大量鲜活农产品开始采用公路运输，鲜活农产品的流通在公路运输市场上逐渐发展繁荣。

第三节　农产品多式联运与绿色通道协调发展的探讨

绿色通道政策的实行，对我国农产品运输市场的繁荣，对平复农产品价格的上涨，起到了重要的作用。可以说，绿色通道政策推行的目标一是满足人们的生活需求，二是增加农民的收入。在政府的大力

[①] 《全国高效率鲜活农产品流通"绿色通道"建设实施方案》（交公路发〔2005〕20号）确定了我国"五纵二横"网络，在全国实施对整车运输鲜活农产品免费运行。

支持下，均得以实现。但是发展到一定阶段，没有约束过度发展也给我国运输市场和农产品市场带来了不利影响。

一　绿色通道过度发展带来的弊端

第一，绿色通道的过度发展造成了运输资源配置的不平衡。"绿色通道"的开通，以及所有收费公路免收通行费的政策，使公路不仅具备运输快速、方便的优势，还具备了较高的成本优势。大量的鲜活农产品的运输涌向高速公路，运量急剧增大，使运输的资源失去平衡。不可否认，绿色通道对我国农产品市场的繁荣，对丰富和协调农产品流通市场做出了重要的贡献。但大量的公路运输挤占了其他运输市场，对于运输资源配置的健康发展是不利的。

第二，降低了收费公路的通行能力。大量鲜活农产品的运载车辆进入收费公路，公路经营工作人员的检测工作量巨大。车辆通过收费站，仅检测就需要 15 分钟左右，还有工作人员与运输人员的沟通时间，大量车辆拥堵在收费站，运行不够通畅，对通行秩序的维护需要更多的工作人员，降低了收费公路的通行能力。

第三，公路经营者与运输承担者之间的矛盾激化。绿色通道一系列政策的提出，降低了公路运输的成本，大量运输承运者选择高速公路运输鲜活农产品，给公路经营者的管理带来了较大的压力。由于绿色通道通行证的获取非常简单，在鲜活农产品免去通行费的诱惑下，一些农产品运输承运人采取不良手段，将一些非鲜活农产品类别的产品混入鲜活农产品的车辆中，给公路的工作人员进行检查检测带来了诸多困难。公路经营企业的利益被分流至运输物流企业以及农民身上，一些地方出现了对鲜活农产品收费的现象，双方之间的矛盾日益激化。

第四，造成鲜活农产品市场供需不平衡。因为运输鲜活类农产品可以优先通行不收费，在鲜活类农产品市场上出现了新的竞争者，他们是从事其他商品物流的运输承担企业。大量的其他商品运输承担者在完成运输商品的工作后，会在回程时顺便在鲜活农产品的产地捎回大批量产品，一些地方出现大量的供过于求，另一些地方却仍然供不应求。扰乱了鲜活农产品的市场。市场不是在人们的需求指导下进行，只是因为政策便利出现大量供给，鲜活农产品的市场将不可能良性循环。影响到农产品价格的异常波动，政府惠民和增加农民收入的初衷必然会受到冲击。

第五，过度的公路运输造成不持续发展。公路运输虽然具有方便快捷的优势，但同时也是一种高耗能的运输方式。大量的公路运输对环境资源的破坏也日益严重。我国交通运输"十二五"规划中就指出，我国目前综合交通的发展最突出的问题就是运量发展不平衡、不协调的问题，今后的工作重点将逐渐调整，可持续发展是必然的发展方向。欧洲曾就公路运输拥堵的现象对环境和土地资源的不利影响出台相关的规定，限定公路尽可能地进行短距离的运输，中长距离的运输以铁路、内河航运和海运为主。我国绿色通道的实行同样带来了环境的破坏，从运输资源市场的良好配置和可持续发展的角度考虑，急需出台相关的政策对绿色通道的规范运行、限定运行做出规定。

二 农产品多式联运与绿色通道的协调发展

绿色通道的过度发展带来种种问题，近几年开始有学者和业内人士提出对绿色通道进行一定程度的限制。一些研究提出对绿色通道照常收费，同时在收费中设立专项基金，由国家对农民和运输承担企业进行相应补助或者国家对高速公路运营方进行补助的建议。主要目的是调节市场，将一部分农产品公路运输分流到铁路和水路运输中去。这样既可以缓解公路运营方的压力，同时也使被公路挤占的其他运输方式重新进入农产品市场，与公路运输展开竞争和合作。从农产品的国外多式联运的发展经验和我国的多式联运发展历史来看，在农产品市场中，多式联运的形式不仅不会被替代，反而会与绿色通道网络中的公路运输展开竞争，表现出既竞争又合作的关系。

1. 国外农产品多式联运的发展现状及可借鉴经验

美国和加拿大利用驼背运输将公路运输和铁路运输组合起来，集装箱和公铁两用车的使用促进了多式联运的运行效率，减少了农产品装卸所造成的损耗。针对农产品的运输，铁路列车的运行速度较一般货运铁路速度快，比如美国鲜活农产品的运输速度为一天 768 千米，比一般货物要快 2 倍以上，且中间停靠站点少，驼背运输可以实现门到门服务，充分满足了农产品对运输时间和运输条件的要求。

日本因为水产品的大量运输需求，在农产品的多式联运中重点发展冷藏和集装箱的快速运输。针对水产品和蔬果的专用集装箱已经大规模使用60多年。除了冷藏和专用集装箱的大力发展，日本在发展其国际多式联运时重点实行海铁联运，快速直达服务，在对欧洲的国际多式联运服务时，其直达列车的速度达到每小时100千米以上。①这在世界铁路上是首创的，也对其他国家包括中国开展以铁路为主配合其他运输方式的长距离农产品运输有着极大启发。

法国和德国的多式联运重点发展公铁联运，法国有关的国营铁路分公司达70多个，分别负责不同的货物种类运输，其中有专门公司负责运输农产品，尤其是鲜活农产品。法国国营铁路公司根据速度将铁路运输分为三级，一级属于快速运输，主要适用于各种鲜活农产品，蔬菜、水果、水产等。速度一般在每小时100—120千米，对某些时效性要求较高的鲜活农产品，有专门的铁路专列车，速度可达到每小时160千米。法国的铁路运输还有一个特点是选择夜间运行，凌晨到达，通过汽车短驳运输实现门到门服务。德国的快运列车在速度方面一直居于世界前列，普通货物列车的速度已达到每小时140—160千米，针对农产品的列车有夜间直达快运列车和特快列车。②

综上所述，国外农产品多式联运的发展较为成熟，其中的经验可供我国借鉴：

第一，着重提高农产品运输的速度。在发展铁海联运和公铁联运时，重点提升铁路运输的速度。将针对农产品的运输列车的速度与其他货物运输列车的速度区分开来，使列车在速度方面具备优势，加之其大批量运输、安全性及成本方面的优势，这种多式联运的方式完全具备与绿色通道分享农产品的运输市场的优势，与公路运输既可以竞争又可以展开合作。

---

　　①　以上美国与日本数据引自徐利民《国外铁路快捷货物运输发展与启示》，《铁道货运》2012年第9期。

　　②　以上数据引自徐利民《国外铁路快捷货物运输发展与启示》，《铁道货运》2012年第9期。

第二，大力发展集装箱和冷藏设施，减少农产品的装卸、包装等造成的损耗，同时还降低了储藏的成本。集装箱可直接在铁路、港口和公路上运输，对农产品多式联运的发展将起到极大的推动作用。

第三，开展直达专列，配合以水路和公路运输方式。针对农产品的特点，开通直达快运列车，车厢的设施也配合农产品的需求，取消中途停靠的时间，减化运作流程，为农产品的快速运输创造环境。

2. 我国农产品多式联运的发展和演化阶段

我国农产品的多式联运的发展，要追溯到新中国成立初期，从那时到现在，多式联运从萌芽，到被抑制，直到重新充满活力及遭遇发展大机遇大概经历以下这四个阶段：

第一，新中国成立初期，这个时期的多式联运形式主要是公铁联运，国际上主要运输鲜活类果蔬到苏联。因为承担的是长距离鲜活类农产品的运输，这一时期我国开始发展冷藏运输，但整体技术较为落后，一部分冷藏车是从苏联租赁而来。国内从 20 世纪 60 年代开始"南菜北运"①，协调蔬菜南北地域上的季节差异和产量不平衡，使用的方式仍然是铁路为主，辅之以公路和水路，及公铁联运和海铁联运的方式。在这一时期，运输部门还承担着每年往港澳地区运送鲜活农产品的工作，主要通过三列快运班列，两端公路短途接驳的形式。这三列快车，为港澳地区人民的生活提供了保障。20 世纪 80 年代的香港市场上，有 90% 以上的农产品来自大陆。这一时期农产品的多式联运多表现为长距离运输，因为运输的对象多为鲜活类，因此保鲜技术方面总结了许多经验。

第二，改革开放以来，这一时期是在经历了"文化大革命"时期的发展停滞，重新开始恢复生产的阶段。这一阶段也正是国家提出"菜篮子工程"时期，为了解决全国人民的温饱问题，各地区以市长为主要负责人，负责当地的农产品的供给。由于可以协调其他地市的农产品，这一时期，国内农产品的流通开始发展起来，主要的形式是

① 南菜北运的目的是缓解全国冬春淡季蔬果供需矛盾，稳定鲜活农产品市场供应，畅通我国南方冬天与春天蔬菜主产区销售渠道，以此保障北方蔬果市场供应。

中短途运输，运输的承运方多为规模较小、实力较弱的企业或者是农户自营自运。公路运输方便、快捷的优势使公路运输逐渐发展起来。与此同时，这一阶段，我国展开与国外的交流，为了增加外汇，加大了对外贸易的交流。这段时期引进国外的机械冷藏设施和车辆，并开始设计和生产大量的冷藏车辆。多式联运在原有的基础上从数量和质量方面都有了更进一步的发展。在国际市场上对农产品的运输，形式上仍然以公铁联运、铁海联运的长距离运输为主。

第三，绿色通道政策施行以来，国家加大力度实行惠民政策，增加农民收入，2010年国家将所有收费公路纳入到绿色通道，绿色通道"五纵二横"的网络更加完善。绿色通道四通八达，且不收费，因此在这一时期农产品公路运输的形式逐渐挤占了以往铁路运输和水路运输的形式，公路运输农产品成为主导。全国农产品市场一度非常繁荣，人们的菜篮子丰富，不再出现吃菜难、吃不上菜的现象。绿色通道免通行费的政策施行多年来，取得了巨大的成绩，为全国农产品的流通做出了重要贡献。但这一时期，大量农产品涌入公路运输的现象也给整个农产品市场带来了压力，市场再度出现不平衡现象。同时，公路运营者与公路运输承担者之间的矛盾变得非常突出，大量公路运输给公路运力造成压力的同时，还给周围的环境造成了破坏。这种过度发展的运输形式，需要相应的调整，才能保证市场的均衡，维持可持续的发展。

第四，2015年以来，在这一时期，国内农产品市场上，铁路和水路的形式再度兴起，配合公路的形式，公铁联运、海铁联运、公水联运的形式纷纷出现。多式联运的发展表现出良好势头，在农产品市场，铁路、水路开始与公路运输展开竞争和合作。铁路部门多次提速，针对农产品的运输时间要求，各地市还专设了快速班列，利用专车直达的形式运输农产品。铁路部门还针对农产品推出上门服务，与公路部门展开合作，通过公铁联运的形式实现上门服务。冷藏集装箱和专业集装箱的发展也越来越迅速，通过铁路运输农产品，不仅具有了速度快、保鲜好，还具备大批量、安全性高的优势。同时，近几年我国港口发展越来越完善，集装箱港口的发展成为港口发展的重点内容，一些大型的物流公司将铁轨修到港口，海铁联运更为便利。在内河沿线城市和远洋航运市场上，海铁联运发展迅速。这一时期，也迎来了国际多式联运的发展机遇，2013 年，国家主席习近平在出访期间提出丝绸之路经济带的战略蓝图，后称为"一带一路"倡议。"一带一路"倡议沿袭了古代丝绸之路的线路，从中国出发，覆盖亚洲、欧洲和北部非洲。在"一带一路"倡议的发展过程中，陆上丝绸之路和海上丝绸之路将再次发展和繁荣，我国"三纵四横"的铁路网将发挥重要作用。"海上丝绸之路"的发展中，陆海联运的形式将成为主导形式，具体体现为铁海联运辅之以公路运输；陆上丝绸之路的发展中，公铁联运形式将发挥更大作用。从 2014 年的统计数据来看，我国西部地区的铁路里程增长迅速，比 2013 年增长 10.2%。① 未来铁路运输还将进一步发展壮大，这也意味着西部铁路网络建设急需进一步完善。绿色通道的网络将发挥桥梁作用将我国东部和西部链接起来，保障铁路的国际运输需求。

综上所述，绿色通道的发展不会与农产品多式联运相互矛盾，多式联运与绿色通道之间在农产品市场上既竞争又合作，这是时代发展的需要，也是农产品运输市场规范化、协调化和可持续发展的需要。从国际范围看，依托"一带一路"倡议，农产品在国际多式联运的发展将是未来国家发展的重点，陆海联运将是其未来重点发展的方向。从国内方面看，公铁联运形式将起到更大作用，绿色通道作为陆地运输的构成之一，将会保障农产品从供给丰富的东部地区运往西部，成为铁路远距离运输的坚强后盾。

---

① 资料来源于国家统计局《2014 年交通运输行业发展统计公报》，2014 年。

第四章　农产品多式联运综合评价
指标体系的构建

在第三章分析绿色通道和农产品多式联运发展的基础上，得出在当前的环境下，多式联运将与绿色通道展开竞争和合作的关系，农产品多式联运将是未来发展的趋势和大方向。针对农产品多式联运的理论和实践研究将会表现出持续增加的趋势。本章将继续探讨农产品多式联运的评价准则和综合评价体系，进一步分析农产品进行多式联运时如何对各种组合方案进行综合评价，以期对运输承运方开展农产品多式联运时采取最佳决策提供具体的帮助。本章将依据农产品的特点，提出一个综合评价指标体系，可实现对几种具体运输方式或者运输方式组合模式的综合评价，在此基础上，通过灵敏度分析，提炼运输企业的核心服务能力，据此可对几种运输方案的服务改善做出探讨，充分发挥各企业的优势，提升农产品运输领域的竞争力和服务水平。还可以使农产品运输企业间共享物流资源，并在各个企业间形成某种虚拟的协作关系，各个运输方式间的整体优势发挥到最佳。① 在具体分析之前，首先需要对所分析的运输方式、承运企业的水平做出说明。

从运输方式看，目前农产品的运输可以选择铁路、公路、水路和航空、管道运输等任何一种方式或某几种方式的组合。但是，由于农产品的特性和成本的因素，极少农产品的运输会选择航空运输和管道运输的方式，主要运输方式以公路、铁路和水路为主。近年来少

---

① 郭玲：《基于多目标综合评价的农产品运输模式研究》，《山东农业大学学报》（自然科学版）2015 年第 1 期。

数实力雄厚的大型企业尝试选择航空运输，但航空运输要求承运方具备较高的经济实力，实行大批量运输以及保障相应的技术和设备要求才可能保障运输的质量和利润，这一方式目前还处于探索阶段。对于大部分比较分散的中小运输企业的承运者而言，大多数会选择铁路、公路和水路运输三种方式。因此，目前我国农产品的运输的主要方式体现为公路运输、铁路运输和水路运输三种方式及其组合模式，结合第三章的分析，目前大部分农产品的国内运输方式选择了公路运输。①

从承运企业的水平看，多数承运企业仅从事某种运输功能，有少数承运企业具有几种运输方式配合的运输功能。且大多数规模较小、分散，运输主体主要为中小企业。我国农产品在运输方面的需求量很大，但是我国的农产品运输发展比较落后，现阶段农产品运输技术差、水平低，在运输环节上的损失率为25%—30%，与西方国家5%的损失比率差距较大。② 同时，由于农产品运输要求高，能够囊括所有农产品运输功能的企业很少，要求在联合运输的组织形式上进行探索，从而实现不同类农产品的多式联运需求。

第一节　农产品多式联运的评价准则和综合评价体系构建

我国农产品运输的发展相对落后，尚未形成专门的运输研究体系，对农产品多式联运的研究主要集中在从更大范围内如农产品物流、农产品供应链的角度进行研究，专门针对农产品为研究对象的运输研究仍然占少数。现有的文献从货物运输的角度，对运输方式选择时的评价准则做了分析。本书在文献分析的基础上，结合农产品特有

① 罗俊：《基于行为分析的货物运输方式选择模型研究》，博士学位论文，武汉理工大学，2012年。

② 范如国、王丽丽：《RFID对生鲜农产品运输时间及零售商与物流商收益的影响分析》，《技术经济》2011年第7期。

的运输特点，提出了针对农产品运输的评价准则。

一 农产品运输方式的评价准则

在对待运输方式的原则评价方面，朱新民、杨家其提出经济性原则、准确性原则、及时性原则、安全性原则以及便利性原则是进行运输方式选择的五个基本原则。在对货物的运输方式进行选择方面[1]，胡松评则主要针对各种运输方式的优缺点进行分析，提出货物运输时需要遵守的五项指标原则。[2] 薄鸿祥、刘兵利用层次分析方法，综合评价了运输工具选择的指标，构建了运输方式选择决策模型。[3] 在运输方式选择原则评价方面，多数学者集中在宏观的货物运输角度进行研究，或者是对货物运输的承运人进行选择的角度进行研究，针对农产品运输方式选择原则的研究较少。由于多数农产品生命周期短促，对运输方式也有其独特的要求。不管何种运输方式，农产品的运输本质目标最终是要确保农产品运输能够实现经济、迅速、安全和便利的目的。因此，要评价农产品多式联运的效果，自然需要从其运输目标出发做出评价，由于采用多种运输方式，首要考虑的是保证其经济效益，降低转运和运输途中的各项成本、提高收入是保障经济效益的关键；同时，因为农产品自身的独有特点，敏捷性是确保短时间运输并且保证农产品质量的要求；结合目前农产品运输中的高损耗率，在联运过程中降低各项损耗，进行风险控制尤为必要。将运输目标反映到具体的评价指标上，不同的农产品运输任务，选择指标会略有不同，但总体而言应主要考虑经济性、敏捷性、风险控制性三个方面的关键因素，每一个关键因素都有各自的子指标综合构成最终完整的综合评价准则。

1. 经济性

经济性因素主要包括如下指标：综合成本、企业营业收入和财

① 杨家其、罗萍：《现代物流与运输》，人民交通出版社 2003 年版。朱新民、方光罗、张旭凤：《物流运输管理》，东北财经大学出版社 2004 年版。
② 胡松评：《运输方式选择的决策模型》，《物流科技》2002 年第 2 期。
③ 薄鸿祥、刘兵：《用层次分析法对货物运输方式选择进行综合评价》，《青海师专学报》2007 年第 5 期。

务状况。建立经济性指标的一个重要目标就是降低成本，提高收入，使承担运输的企业财务状况良好运转。[①] 综合成本包括运行成本、协调成本和管理费用。营业收入则指农产品运输企业年货运营业收入。财务状况则指利润增长率、资产负债率和业务量的增长率等。

2. 敏捷性

运输企业的敏捷性包括运输准时率、运输时间和运输距离。在多式联运的发展过程中，提高敏捷性是运输企业合作组织成立的目标之一。[②] 即促进运输企业间的合作和企业生产方式的转型，增强对变化的市场需求的感知力和适应力。从而使合作运输企业组织快速了解市场上客户需求，加速物流中运输的执行，提高各个环节的边际效益，实现利益共享的多赢目标。

3. 风险控制性

风险控制性主要体现在货物损耗、事故率和合作历史等方面。农产品的运输风险还涉及产品保鲜、质量安全等方面的独特要求。运输过程中风险总是存在的，任何企业或组织都无法避免，特别是对农产品运输，某个成员的不负责任，极可能导致农产品的价值锐减，给整个合作企业链带来不可挽回的损失。

二 农产品多式联运综合评价指标体系的设定

农产品运输的评价指标体系主要体现为一个两层的结构，即目标层和准则层。在软件应用时会体现出第三个层次，即方案层（运输方式，在统计软件中一般被称为方案层），该层次主要用于对具体运输方式的选择。目标层即建立一个农产品运输的评价指标体系，准则层在上述文献分析的基础上，选取经济性、敏捷性和风险控制性三个指标作为第一层次指标。第二层次指标分别由第一层次指标来决定。经

---

① Manzini, R., Accorsi, R., "The New Conceptual Framework For Food Supply Chain Assessment", *Journal of Food Engineering*, 2013, 115 (2): 251-263.

② Pagell, M., Wu, Z., "Building a More Complete Theory of Sustainable Supply Chain Management Using Case Studies of 10 Exemplars", *Journal of Supply Chain Management*, 2009, 45 (2): 37-56.

济性体现为营业收入、综合成本和财务状况；敏捷性体现为运输准时率、运输时间和运输距离；风险控制性体现为货物损耗和事故率。

方案层的构成需要结合对目前农产品运输的现状分析，针对可供选择的具体运输方式而言，农产品的运输可以选择公路、铁路、航空、水路、管道五种方式。但是，在实践中，只有少数特定的液体农产品会选择管道运输，航空运输也由于较高的成本被大多数承运企业规避。近两年某些大型物流企业开始尝试利用航空运输鲜果，但这种方式需要通过大批量的运输才能产生规模效应从而降低成本，同时还需确保较高水平的设备和技术支持才能保障运输鲜果的质量。目前能够采用此方式的只有少数实力雄厚的物流企业。目前，这一方式正处于探索中，未来发展的方向尚不明确，现有的相关数据还不具备代表性。承担农产品运输的大多数企业仍属于中小企业，他们所选择的主要运输方式是公路运输、铁路运输和水路运输三种方式。因此，方案层的构成即本书所采用的运输方式主要体现为公路、铁路和水路三种方式的相互组合。

针对较复杂的多目标决策的分析，此类问题往往表现为定性的信息较多，问题的分析难以量化，最终的结果也相对模糊，测量方面存在较多困难。层次分析的方法可针对此类问题将各种模糊和定性信息转换为较抽象的数学语言，本书在具体分析中通过 yaahp 软件实现。由于评价指标中存在大量的不确定因素，指标难以量化。评价者对事物进行判断时选择利用 9 分位比率 ＝ ｛ $1/9$，$1/7$，$1/5$，1，3，1，3，5，7，9　很低，低，较低，稍低，一般，稍高，较高，高，很高｝对各指标进行评价，中间评价值为（$1/8$，$1/6$，$1/4$，$1/2$，2，4，6，8）。在软件中，设定农产品多式联运综合评价指标体系为 S；第一层次指标中，经济性为 B_1，敏捷性为 B_2，风险控制性为 B_3；第二层次指标中，营业收入为 C_1，综合成本为 C_2，财务状况为 C_3；运输准时率为 C_4，运输时间为 C_5，运输距离为 C_6；货物损耗为 C_7，事故率为 C_8。从而确定综合评价的指标层次设定如图 4−1 所示。

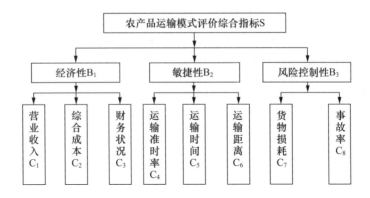

图 4 – 1   农产品多式联运系统的综合指标体系

第二节   农产品多式联运指标
体系的权重分析

对农产品多式联运的模式进行评价，应考虑多方面因素的影响：第一，选择运输模式以经济性为原则；第二，针对农产品的特点，提高运输的快速反应性，缩短运输时间和距离。第三，降低农产品运输的风险，主要表现在降低货物的损耗方面。[①] 在分析农产品运输的特点以及原则基础之上，确定了评价农产品多方式运输的变量集合。针对变量集合，可以进一步对不同的对象做出多目标的分析，最终获得各个指标变量的权重，形成完整的农产品多方式运输的综合评价指标体系。本节主要通过层次分析法软件 yaahp 来实现。

一   层次分析法概述

1. 层次分析法的演变

在分析社会经济发展的具体情况时，存在大量明确数量的信息，针对这些信息，采用各种定量化的分析方法可以非常便捷地分析问题

---

① 王玲玲、覃运梅：《多式联运的运输方案选择研究》，《铁道运输与经济》2009 年第 10 期。

的实质所在。在具体的社会经济描述中,同样存在大量关于问题特性、原因等描述的定性指标,传统的主观分析方法对这类问题的分析起到了重要作用。但是经济发展的要求需要对模糊问题的分析更加准确,将定性转化为相应的数学化语言成为分析经济社会现象的迫切需求。正是在这种背景下,层次分析法应运而生。最初的使用缘于美国针对工业部门的福利分析项目,美国匹兹堡大学教授萨迪在这个项目中首次提出将网络系统和多目标决策分析相结合,形成一种全新的分析方法。该分析方法首先根据分析的问题,层层分解为各个构成的因素变量,并将这些变量提炼为目标层、准则层和方案层的一个多层级结构,因此该算法被命名为层次分析法。层次分析方法的提出,可以实现对比较复杂的相对模糊的社会的、经济的、管理的现象进行分析,可以方便、快速地将复杂的现象转化为数学语言,进而探究问题的内部特征、因素的相关性,最终为做出合理的决策提供参考。这一方法的提出和应用为后来的决策者提供了一个分析复杂问题的简便工具。

2. 层次分析法的基本思想

在进行决策分析时,层次分析法的运行机理与人类大脑的判断分析推理过程相类似。在对具体经济或者管理现象进行初步分析基础上,将模糊的现象具象化为一个个量化的指标,这些指标相互组合和对比,通过相互比较的矩阵,结合相关专业人士或者研究者的评价和判别,确定每一个指标因素的权重。最终通过方案层的权重排序,对最终的决策提供参考。这种方法对分析相对模糊和无法量化分析的经济现象尤为适宜,对整个决策分析方法的发展起到了重要的作用。例如出行的人选择居住的酒店问题,假设有甲、乙和丙三种类型的酒店可供选择。有几个因素可能会影响顾客的最终选择,如地理优势、价格、交通便利、居住条件、饮食情况等。如同人的思路一样,层次分析法会将这几个因素两两之间相互比较。不同的人看重的因素会有所不同,如大学生对价格比较敏感,会优先考虑价格因素;老年人和有小孩子的家庭因为亲子游更看重交通便利、饮食和居住等条件,职业白领们对价格相对不敏感,对于自然地理优势的要求较为看重。针对特定的要求，经过综合的比较分析，可以获得甲乙丙的排序，就可以做出较优的决策。

3. 层次分析法的步骤

在实践中，多目标因素往往是相互作用、相互影响的，进行量化分析较为困难。利用层次分析的方法，可以较为简便地将抽象的问题转换为数学的量化问题，实现了定性和定量的良好结合。具体的步骤如图 4 - 2 所示。

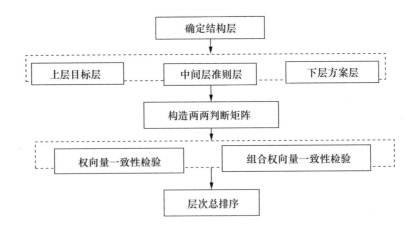

图 4 - 2   层次分析法的步骤

4. 层次分析法的优势

层次分析法具备量化方法简便化、分析过程较为完整和系统、不需要大量的量化信息，在既有的方案中选择最佳方案应用广泛。

首先，将抽象的量化方法简便化。[1] 对于多种因素相互影响、相互作用的经济和管理现象而言，要分析其本质往往要通过非常复杂的数学模型等工具来进行相对复杂的处理，对于数学基础较薄弱的社会科学工作者而言，可以选择和使用的数学工具是有限的。层次分析法将多个目标的经济现象转化为单目标的问题，应用的过程也仅仅是通

① 赵静：《数学建模与数学实验》，高等教育出版社 2000 年版。

过两两对比和判断，整个数学运算过程比较容易理解。最终的结果也非常浅显易懂，可以说层次分析法将多目标的复杂问题分析过程实现了傻瓜化，对于使用者来说非常简单和易学。

其次，分析的过程具有完整性和系统性。层次分析中所涉及的所有指标因素，都将会对最终的结果产生影响力。层次分析法在分析的过程中始终把握着分析的完整性，没有遗漏掉任何一个指标因素所起到的作用。每一个层次的指标因素之间，每一层次指标与上一层指标因素之间的两两对比分析，综合考量了所有系统内可能的因素。三个大的层次依次运行，运行过程非常富有逻辑，结果准确鲜明，可以说层次分析法在具体运作的过程中兼顾了完整和系统性。

最后，对量化信息的要求少，运行便捷。层次分析法主要针对量化困难，且大多来自决策者主观判断的一系列问题，主观判断的过程由于人类大脑的局限性，常常会出现与现实相悖的偏差。这一类问题往往量化信息较少，针对这类问题，层次分析的方法结合了人类主观判断和评价的特点，对元素之间的两两比较进行判断，并将这些定性的判断转换为数量化的权重，决策者因此可以非常容易地根据分析的结果做出判断。

层次分析法适合于从若干个对象中进行评价和选择，并不适合对未知的对象进行预测。本书对农产品运输系统的综合评价，可能出现的模式组合主要体现在水路、公路和铁路之间的组合，包括单一的方式以及各种组合的方式。总体而言，所有可能出现的运输方式都可通过相关信息而获取到。因此，农产品运输系统的指标体系分析运用层次分析的方法是较为合适的选择。

二　农产品多式联运指标体系的权重分析

在确定农产品运输的评价指标体系基础上，需要进一步探讨各个评价指标之间的关系，以及对最终模式选择决策的影响。不同的农产品类别各个评价指标之间以及对承运人最终决策的影响都是不同的。本书提出的评价指标体系可适用于不同的农产品品类，具体操作中，可以根据所研究的需要，结合研究对象的具体特点，输入相应的数据。以下的分析所采用的数据主要是对鲜活农产品进行权重的分析。

（一）构造中间层判断矩阵

1. 第一层次指标判断矩阵

由于鲜活农产品不同于其他产品的特性，因而在前面章节分析的基础上，第一层次指标中，分别为经济性、敏捷性、风险控制性。针对这三个主要指标因素进行两两比对，通过专家评测，可以最终得出如表4-1所示的判断矩阵 S-B。

表 4-1　　　　　　　　　S-B 判断矩阵

S	经济性	敏捷性	风险控制性	指标权重（W）
经济性	1	3	5	0.2605
敏捷性	1/3	1	4	0.6333
风险控制性	1/5	1/4	1	0.1062

S-B 矩阵归一化后的权重向量为 $W = (W_1, W_2, W_3)$，$T = (0.2605, 0.6333, 0.1062)^T$，计算成对比较矩阵 S 的最大特征值 $\lambda max = 3.0387$。一致性随机比率 $CR = 0.0372 < 0.1$，所以判断矩阵一致性较好，W 是可以接受的。

2. 第二层次指标判断矩阵

针对经济性 B_1，营业收入 C_1、综合成本 C_2、财务状况 C_3 的两两判断矩阵如表4-2所示。

表 4-2　　　　　　　　　B_1-C 判断矩阵

经济性	营业收入	营业成本	财务状况	指标权重（W）
营业收入	1	1/4	2	0.2014
综合成本	4	1	5	0.6806
财务状况	1/2	1/5	1	0.1179

针对敏捷性 B_2，运输准时率 C_4、运输时间 C_5 和运输距离 C_6 的两两判断矩阵如表4-3所示。

表 4 - 3　　　　　　　　　　　B₂ - C 判断矩阵

敏捷性	运输准时率	运输时间	运输距离	指标权重（W）
运输准时率	1	1/4	1/3	0.1226
运输时间	4	1	2	0.5571
运输距离	3	1/2	1	0.3202

针对风险控制性 B₃，货物损耗 C₇ 和事故率 C₈ 的两两判断矩阵如表 4 -4 所示。

表 4 - 4　　　　　　　　　　　B₃ - C 判断矩阵

风险控制性	货物损耗	事故率	指标权重（W）
货物损耗	1	4	0.8000
事故率	1/4	1	0.2000

对 B₁ - C 判断矩阵归一化后的权重向量为 W =（W₁，W₂，W₃），T =（0.2014，0.6806，0.1179）ᵀ，计算成对比较矩阵 S 的最大特征值 λmax =3.0247。一致性随机比率 CR =0.0238 <0.1，表明 B₁ - C 判断矩阵一致性较好，W 可以接受；B₂ - C 判断矩阵归一化后的权重向量为 W =（W₁，W₂，W₃），T =（0.1226，0.5571，0.3202）ᵀ，计算成对比较矩阵 S 的最大特征值 λmax =3.0183。一致性随机比率CR =0.0176 <0.1，所以 B₂ - C 判断矩阵一致性较好，W 可以接受；B₃ - C 判断矩阵归一化后的权重向量为 W =（W₁，W₂），T =（0.8000，0.2000）ᵀ，计算成对比较矩阵 S 的最大特征值 λmax =2.000。一致性随机比率 CR =0.0000 <0.1，可知 B₃ - C 判断矩阵一致性较好，W 可以接受。

（二）农产品运输评价指标的权重分析

样本数据来源于对鲜活农产品的调研和专家评测，通过构建指标判断矩阵，得出综合评价指标排序。

表4-5 中间层指标要素评价指标权重排序（1）

第一层次要素	敏捷性	经济性	风险控制性
权重	0.6333	0.2605	0.1062

表4-6 中间层指标要素评价指标权重排序（2）

第二层次要素	运输时间	运输距离	综合成本	货物损耗	运输准时率	营业收入	财务状况	事故率
权重	0.3529	0.2028	0.1773	0.0849	0.0777	0.0525	0.0307	0.0212

由表4-5、表4-6可知，鲜活类农产品运输的几个关键指标中，对敏捷性要求最高，权重为0.6333，其次为经济性，权重为0.2605，最后为风险控制性，权重为0.1062。对第二层次要素评价指标分析表明，在农产品运输中，运输时间是最关键的指标因素。按照权重，我们将运输时间、运输距离、综合成本作为一级关键指标，二级关键指标为货物损耗、运输准时率、营业收入、财务状况。

（三）农产品多式联运的综合评价指标体系

通过对各层次指标要素对上一次比较分析，得出此次针对鲜活农产品的多式联运的综合评价指标权重。运输需求方可据此进行运输方式的选择，各运输承运方则可以据此发展自身核心服务优势，弥补运输服务中的服务劣势。图4-3为农产品运输模式综合评价权重体系。

第三节 指标权重的灵敏度分析和核心优势

一 农产品各运输模式实现多式联运的核心优势

由各指标权重排序可知，影响鲜活类农产品运输方案选择依次为8个具体指标，通过对以上8个关键指标做出进一步分析，可以分析得出各运输方式的优势所在。

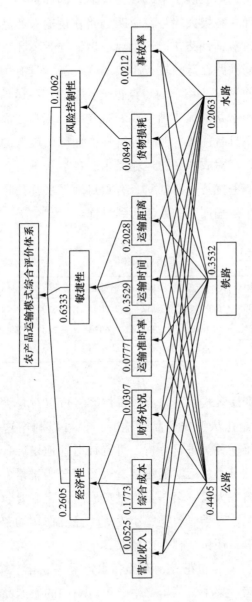

图 4 - 3　农产品运输模式综合评价权重体系

由表4－7可知，针对鲜活农产品的运输，公路在第一层次中表现出便捷服务性突出，第二层次中表现出运输时间和货物损耗、营业收入、财务状况方面具备极大优势，说明公路在运输农产品时具有迅速、安全和较好的收益；铁路在运输距离、运输准时率和事故率方面具备极大优势，说明铁路在运输较长距离的农产品时具有优势，并且铁路因具备准时发车和事故率小的特点也会提高农产品运输的敏捷性和降低运输风险。而水路的优势则主要表现在综合成本方面。说明水路虽然在敏捷方面不具备优势，但在经济性方面因为较低的成本而具有优势。综合而言，面对农产品的运输需求，各运输承运企业可以据此确定自身的核心服务优势，有针对、有重点地发展其独特服务优势能力，才可能使整个运输网络的效能达到最优。

表 4－7 　　　　　　　　　　　关键指标权重

指标	运输时间	运输距离	综合成本	货物损耗	运输准时率	营业收入	财务状况	事故率
公路	0.6333	0.2605	0.0964	0.6232	0.2605	0.6194	0.7235	0.1199
铁路	0.2014	0.6333	0.2842	0.2395	0.6333	0.2842	0.1932	0.6080
水路	0.1179	0.1062	0.6194	0.1373	0.1062	0.0964	0.0833	0.2721

应用建立的农产品多式联运综合评价体系，可以对各类农产品进行分析。各运输企业在从事农产品运输时，也可以利用这一指标体系，结合农产品的不同种类进行分析，可有针对性地发展各自的核心服务能力。农产品的分类从运输的角度看大致可分为批量农产品、鲜活农产品及活畜活禽三大类。第一类为批量农产品，主要包括粮食农作物，如水稻、玉米、豆类、薯类、小麦等，经济作物如菜籽油、花生、大麻、向日葵等，还包括林业产品及其他农产品；第二类为鲜活农产品，包括蔬菜、果类和花卉、肉类和水产品等；第三类为活畜、禽类农产品，如生猪、菜牛、菜羊、牛蛙等。不同的农产品种类对运输的要求各不相同，各运输承运企业可结合不同农产品的种类，进一步研究如何将各运输方式的核心优势综合运用，从而发展农产品运输企业的核心服务优势。

二　农产品各运输模式核心优势的灵敏度分析

在多目标综合评价分析的基础上，进一步对该指标体系进行灵敏度分析。灵敏度分析在方案评价中主要用来确定当评价条件发生变化时，各备选方案的权重是否会发生变化或变化多少。在进行多目标分析过程中，采用的专家测评数据不可避免地会存在人的主观意识，若考虑当分配的权重系数在某一个范围内变化时，评价结果将会产生怎样的变化。一方面可以通过灵敏度分析决定哪些指标会对农产品运输体系产生较大的影响，另一方面可以利用灵敏度分析来研究原始数据存在的不准确性或某一个指标发生变化时方案评价的稳定性。在农产品运输评价体系中，通过灵敏度分析，有助于运输企业更好地发展其核心服务优势，同时也可以帮助运输需求企业更好地做出决策。

各种运输模式的权重将会受到各个指标变量的变化影响。总而言之，假若结果的变动受到了某一指标的作用，这种现象就是灵敏度分析。运输企业可以借助灵敏度的分析对自身的运输能力和优势进行评价，并作出较优的决策。针对分析得到的鲜活类农产品的指标权重，我们对二级指标中对一级指标决策产生较大作用的便捷能力、综合成本、成本、运输时间、运输距离、货物损耗分别作灵敏度分析，进一步研究各指标权重变化时对决策的影响。

1. 公路运输企业核心服务优势发展分析

当运输时间权重提高 1 个百分点时，公路权重提高，铁路权重降低，水路变化不明显，随时间权重增加，公路权重也逐渐提高。说明由于鲜活农产品对运输时间的较高要求，使运输该类农产品时，公路在三种运输方式中呈现较突出的优势，因而具有其他两种运输方式所不具备的时间优势。鲜活农产品和活畜活禽对运输时间要求较高，公路运输企业宜大力发展其在时间方面的优势，快速铁路运输企业和方便运输水产品的水路运输企业展开合作，形成公铁、公水的合作模式。

由表 4 - 9 可知，当便捷服务性提升一个百分点时，公路的权重上升，而铁路和水路权重下降。当便捷服务性不断提升，则公路的权重也会持续上升，因此可以看出，便捷服务性是公路突出的核心服务

表 4 - 8 运输时间权重变动的影响

运输时间	公路 R	铁路 T	水路 W
原权重	0.4946	0.3927	0.1127
现权重 +1%	0.4987	0.3885	0.1128

表 4 - 9 便捷服务能力的变动对各运输方式的影响

便捷性	公路 R	铁路 T	水路 W
原权重	0.2592	0.3225	0.4184
现权重 +1%	0.2643	0.3219	0.4137

优势, 公路部门应将此打造为核心服务性。铁路和水路要提高便捷性, 限于运输条件, 无法实现门到门的方便快捷性, 不宜将精力放于此, 宜与公路组成关系。

表 4 - 10 货物损耗的变动对各运输方式的影响

货物损耗	公路 R	铁路 T	水路 W
原权重	0.5423	0.3055	0.1522
现权重 +1%	0.5482	0.301	0.1505

当货物损耗权重提高时, 公路权重提高了 0.59 个百分点, 铁路下降了 0.45 个百分点, 而水路下降了 0.17 个百分点。随着货物损耗权重的提高, 公路权重持续升高, 在这方面的优势会更加明显, 而铁路和水路的权重则会下降, 意味着铁路和水路在货物损耗方面的优势较低, 这与两种运输方式的运输距离和运输时间较长有关, 若铁路在运输时间和距离方面做出改善, 则铁路在货物损耗方面的优势会相应逐渐提高。

由以上分析可知, 针对鲜活农产品而言, 公路运输在运输时间、敏捷性和货物损耗方面具有较高的核心优势。所运输的蔬菜、水果、肉类等均在这几个方面要求较高, 宜重点发展公路运输的核心优势, 并利用此核心优势与其他运输方式展开合作。

2. 铁路运输企业核心服务优势发展分析

由表 4-11 可知，运输距离权重提高 1 个百分点时，公路权重值下降 0.42 个百分点，而铁路则提高了 0.43 个百分点，水路权重下降了 0.01 个百分点。随着距离权重越来越高，铁路的权重也会越来越高，说明当农产品进行长距离运输时，铁路的长距离运输优势会对最终目标的决策产生较大影响。铁路运输企业不宜将重点放在鲜活类农产品，而宜将运输重点放在大批量农产品方面，如运输粮食作物和经济作物。可有效运用其长距离运输的核心服务优势。同时，随着目前铁路运输的不断提速，若运输农产品的铁路提速，如使用高速货运铁路进行农产品运输，可将运输农产品时间有效缩短；铁路承运企业宜改善目前的设备更新，加大冷藏车厢、冷藏集装箱的配备。这将会拓展铁路运输农产品的种类，提高其在鲜活农产品运输方面服务竞争力。

表 4-11　　　　　　　　运输距离变动对权重的影响

运输距离	公路 R	铁路 T	水路 W
原权重	0.4946	0.3927	0.1127
现权重 +1%	0.4904	0.3970	0.1126

通过表 4-12 可以发现，当准时率权重提高 1 个百分点时，也即运输企业尽力提高运输准时率时，随着运输准时率权重的不断提高，铁路的权重也将会越来越高，这说明铁路部门可以通过提高各运行火车的调度效率，提高运输准时率，将会增加被选择的概率。而公路因为车次多、循环快，运输准时率在三种运输方式中较高，但随着运输

表 4-12　　　　　　　运输准时率的变动对各运输方式的影响

运输准时率	公路 R	铁路 T	水路 W
原权重	0.4946	0.3927	0.1127
现权重 +1%	0.4906	0.3967	0.1126

准时率的不断提高，其被选择的可能性则会降低，说明公路要提高运输准时率权重的空间不大，承担公路运输的企业想要增加被选中的可能性需在其他方面做出改善。

3. 水路运输企业核心服务优势发展分析

综合成本权重的提高对三种运输方式的影响不大，原因在于综合成本还包含场站港口到达目的地的成本，因此我们继续研究成本发现，如表4–14所示，当运输成本提高1个百分点时，公路下降0.58个百分点，铁路提高0.03个百分点，水路则提高0.54个百分点。随着运输成本权重的提高，水路的权重随之提升。成本为水路运输的核心服务优势毋庸置疑。水路在鲜活类农产品运输中在长距离运输中不具备优势。但可承受较长距离运输的农产品利用铁路运输较多，但随着铁路货运价格上升，铁路运输的成本也相应提高，水路运输则显示出其优势。较长距离水路运输可重点选择运输农产品中第一类农产品如豆类、棉花、玉米等保鲜时间较长的品类，重点发展远洋航运；同时，在中国东北、北部和南部沿海多河地区，加大内河航运的发展，使运输时间和距离缩短，可进一步拓展在农产品运输种类和数量的增长，更好地发挥其成本优势。

表4–13　　　综合成本的变动对各原始方式权重的影响（1）

综合成本	公路 R	铁路 T	水路 W
原权重	0.6316	0.2735	0.0949
现权重 +1%	0.6312	0.2738	0.0949

表4–14　　　运输成本的变动对各原始方式权重的影响（2）

运输成本	公路 R	铁路 T	水路 W
原权重	0.2757	0.2735	0.4508
现权重 +1%	0.2699	0.2738	0.4562

第四节　本章小结

　　针对农产品而言，经济性、敏捷性和风险控制性这三大因素综合影响了运输需求和供求双方的最终决策。其中，经济性和敏捷性对农产品运输需求方进行选择决策起到重要作用。权重分析发现，各种类别农产品在其生命周期、保鲜要求和储藏条件等方面表现出不同的特点。因而针对不同类别的农产品，各指标的权重会表现出不同。针对鲜活农产品而言，在经济性中，综合成本成为最重要的指标，可见成本在需求方的诉求中占据重要位置，而敏捷性中的运输时间、运输距离对最终方案选择决策起到重要作用。该综合评价体系是基于对各运输方式的评价，因此运输需求方也可据此对运输承运方作出评价，方案层中公路、铁路和水路的权重分别是 0.4405、0.3532、0.2063，表明当需求方要进行运输模式的选择时，可以依据其排序做出决策。此评价体系同样可用于对各物流供应商作出综合评价，适用于物流供应商承接农产品物流流通过程中的运输环节。运输时间、运输距离、综合成本被界定为一级关键指标，货物损耗、运输准时率、营业收入、财务状况被界定为二级关键指标。通过一级关键指标的灵敏度分析，获知铁路运输的核心服务优势体现在其运输距离，公路运输的核心服务优势体现在运输时间，水路运输的核心服务优势体现在其成本。公路运输企业宜大力发展其在时间方面的核心服务优势，与其他运输方式组成联盟运作模式；铁路企业在距离方面的核心服务优势，可重点打造对时间方面要求较低的农产品运输项目。与此同时，加大对冷藏车厢的配备和发展，开拓冷链运输通道，扩展对鲜活农产品的运输类别。高铁的发展提供了未来发展快速运输农产品的可能，为进一步扩大铁路运输农产品的范围提供了基础，未来铁路运输农产品的服务优势还将进一步拓宽，铁路对公路的替代作用也将加大。水路在成本方面的核心服务优势使其在运输时间不敏感的农产品类别中非常突出，水路宜深入发展其长距离跨国运输，在出口农产品运输中承担更重要的角色。而内河航运的发展，也可有效弥补水路在距离方面的劣势，在沿海地区，可加大利用水路运输农产品的比重。

农产品运输近几年在公路运输方面发展迅速，"绿色通道"的大力发展有效地促进了公路运输的发展，降低了农民成本，对提高农民收入做出了贡献。在大力发展综合运输的大环境下，针对国内外农产品远距离运输、低成本运输的需求，铁路和水路也同样具备各自突出的服务优势，宜纳入"绿色通道"范畴，使各种运输方式综合发挥其核心优势服务，为各运输承运方组成某种形式的合作组织提供了基础，使农产品从"产地到餐桌"的链条可实现无缝连接，降低农产品运输全环节的资源浪费，降低成本，从而提高农民收入，进一步促进综合运输的发展。

第五章　农产品多式联运综合评价模型的设计

第一节　问题的提出

　　科学有效地对农产品多式联运进行探讨，是合理运用农产品运输网络的效能，降低成本重复，运输损耗，推动综合运输网络发展的有效途径。国内外学者专门针对农产品研究运输网络的文献极少，主要内容集中在针对工业商品货物运输的研究，分析影响货物运输方式选择的因素以及对运输方式进行评价和选择等方面。采用的算法主要为层次分析法和博弈论，近几年也有学者开始尝试其他算法如非集计模型、Logit 模型、人工神经网络等方法进行研究。如Liberator、Matthew、J. Miller、Tan（1995）[1] 通过构建层次分析模型分析了如何在服务成本和服务质量这两个相互制约的因素之间做出最佳的选择；Haugen、Hervik（2003）[2] 从市场竞争的角度，对处于竞争地位的两个运输企业进行分析，并且通过博弈论的分析得出了非帕累托最优的均衡解；Norojono、Young（2003） 提出了比较适合

---

　　[1]　Liberator, Matthew, J. Miller, Tan, "A Decision Support Approach for Transport Carrier and Mode Selection", *Journal of Business Logistics*, 1995, 16（2）: 85.

　　[2]　Haugen, K. K., Hervik, A., "A Game Theoretic 'mode - choice' Model for Freight Transportation", *The Annals of Regional Science*, 2004, 38（3）: 469 - 484.

货运的非集计的交通运输方式的选择模型。① 纪跃芝和冯延辉等（2005）② 运用层次分析法根据效益和成本因素构建了两个层级结构，认为采用此结构可有效解决多目标决策问题。朱健梅（2003）从运输方式的相互调配方面着手，构建了博弈模型对协调机制进行了分析。③ 刘涛（2008）运用了 DHGF 算法对运输模式的多人博弈模型进行评价，在此基础上根据评价的结果对运输模式进行择优选择。④

　　综上所述，国内外目前缺少对农产品运输方面的专门化深入分析，缺乏相应的运输对象研究尤其是农产品的多式联运研究，算法较多采用层次分析法和博弈论方法。传统的层次分析法和博弈论的方法在进行运输模式综合评价时存在局限，容易陷入局部最优，无法进行更大范围的客观评价和选择。运用神经网络的方法也同样由于其基于梯度下降法而存在学习过程易陷入局部极小的缺陷。本书着眼于农产品的运输环节，在层次分析法基础上对农产品运输方式提出评价原则，同时将改进的变尺度混沌优化引入 BP 人工神经网络，构建变尺度混沌－BP 组合模型来实现对各运输模式的综合评价和方案选择。改进的变尺度混沌－BP 神经网络将变尺度混沌优化与梯度下降相结合，将有效降低单纯使用 BP 神经网络所产生的局部极小的缺陷，从而实现全局优化。

第二节　变尺度混沌－BP 神经网络组合模型

一　变尺度混沌模型

　　混沌是存在于非线性系统中的一种较为普遍的现象，看似一片混

　　① Norojono, O., Young, W., "A stated Preference Freight Mode Choice Model", *Transportation Planning and Technology*, 2003, 26（2）: 1–1.

　　② 纪跃芝、冯延辉、贺莉等：《基于 AHP 模型交通运输方式的效益与代价分析》，《长春工业大学学报》（自然科学版）2006 年第 3 期。

　　③ 朱健梅：《竞争性运输通道选择的博弈模型研究》，《西南交通大学学报》2003 年第 3 期。

　　④ 刘涛：《基于博弈模型的物流运输方式选择及其应用》，硕士学位论文，武汉理工大学，2008 年。

乱，实则含有内在的规律性。[1] 具有遍历性、随机性、规律性等特点，能在一定范围内按其自身的规律不重复地遍历所有状态。[2] 混沌优化方法的基本思想是把混沌变量线性映射到优化变量的取值空间，然后利用混沌变量进行搜索。[3] 由于混沌对于所取初始值非常敏感，当所取的初始值不同时，所得到的混沌变量表现出不同的轨迹。变尺度混沌优化方法利用混沌变量自身的规律进行遍历搜索，又在优化过程中不断缩小搜索空间，提高搜索精度，使训练更易跳出局部极小点，具有较高的搜索效率。[4] 本书采用混沌映射：[5]

$$X(n+1) = \sin\frac{2}{X(n)} \quad 其中 -1.0 \leqslant X(n) \leqslant 1.0 \quad 且\ X(n) \neq 0$$

$$(5-1)$$

如图 5 - 1 所示在从 - 1.0 至 1.0 之间的区域内，映射存在无限个点。这些混乱的点将混沌吸引子的值域以及神经网络的链接权值两者互相匹配。因此，就可以利用混沌的变量来对 BP 网络的权值做进一步改进。运用传统的混沌方法有较为突出的优势，从图 5 - 1 也可看出，迭代到相应的程度时，系统的结果将会在完全的权重空间内达成遍历。说明在一定限度的空间内，传统的混沌方法的使用会取得良好的效果。但是，在更大的空间内，该方法的使用效果不佳。统而言之，随着解的空间趋向于更大，利用传统的混沌方法的效果会越来越差，直至无效出现。基于上述情况，学者们提出了变尺度混沌的优化方法。

变尺度混沌优化的主要思路是先由混沌映射迭代式产生的遍历性轨道对整个权值空间进行考察，当满足一定终止条件时，搜索过程中发现的混沌变量的最佳状态已接近问题的最优值（只要遍历的轨道足

---

① 王东生、曹磊：《混沌、分形及其应用》，中国科技大学出版社 1995 年版。
② 刘琼荪、孙喜波：《变尺度混沌算法的 BP 网络优化》，《计算机应用研究》2011 年第 4 期。
③ 王志良、邱林：《混沌优化算法在非线性约束规划问题中的应用》，《华北水利水电学院学报》2002 年第 2 期。
④ 孙喜波：《BP 神经网络算法与其他算法的融合研究及应用》，硕士学位论文，重庆大学，2011 年。
⑤ 唐巍、李殿璞、陈学允：《混沌理论及其应用研究》，《电力系统自动化》2000 年第 7 期。

够长,这种情况总能实现),然后以此最佳状态作为下一步"精细搜索"的起点,通过线性变换缩小当前最优解的搜索空间,改变精细搜索的调节系数,继续在下一个新的解空间进行混沌遍历搜索。如此循环,直至找到全局最优值。

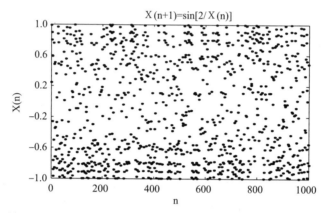

图 5-1　X(n+1) = sin[2/X(n)] 的混沌状态[X(0) = 0.25]

二　BP 神经网络模型

20 世纪初,美国学者麦克科勒和皮兹合作发表的论文中,首次提出了一个服从激动和压抑变化的人工神经元模型,这一简单的神经网络模型模仿人脑的工作机制,可以完成任意有限的逻辑运算。20 世纪 50 年代,弗兰克·罗森布莱特提出了名为感觉器的神经网络,该网络可以通过不断调整权值的学习得到结果。这一神经网络结构第一次经过了计算机的模型,成为第一个真正意义上的人工神经网络结构。1982 年美国物理学家霍普菲尔德将他的网络通过集成的电路来实现,该网络具有比较完整的理论体系,将物理领域中的哈密顿算子引入神经网络系统中,对后来的人工神经网络的发展起到了非常重要的作用。此后,各个学科领域内的学者们纷纷展开对神经网络的研究,人工神经网络的应用也逐渐地延伸到生物、医学、社会学、经济和管理等各个领域。

BP 神经网络是由罗麦尔哈特和麦克森兰德在 1986 年提出的一种前馈的多层次网络结构,该网络结构避免了以往传统的神经网络在直觉角度所存在的劣势,一经提出,迅速在预测评估、社会经济发展、管理决策等各个领域渗透。① 对 BP 神经网络的模型研究也持续发展，目前已有的模型数量达到了数百种。在具体实践中，人们会根据具体的情境采用神经网络的变化模型。前馈的神经网络内部结构是分层次排列的，各个层次由多个神经元组合而成，神经元的连接方式主要体现为每一神经元只与前一层的神经元相互连接，因此神经元的前一层次和后一层次均得到连接，但上层和下层的神经元并未相互连接。如图 5 - 2 和图 5 - 3 所示。②

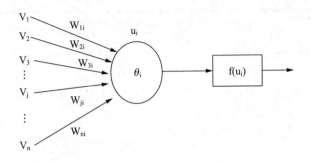

图 5 - 2　BP 神经元模型

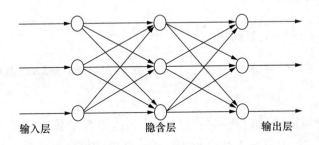

图 5 - 3　三层 BP 网络结构

BP 学习算法主要经过两个步骤：第一个步骤是通过特定的输入，

① BP（back propagation）神经网络是一种按照误差逆向传播算法训练的多层前馈神经网络，是目前应用最广泛的神经网络，在自然科学和社会科学领域均有应用。

② 张伟杰、高彤：《基于 BP 神经网络的动态交通流量预测》，《吉林建筑工程学院学报》2011 年第 2 期。

利用当前的连接权值进行正向传播，最终获得输出层各神经元的实际输出；第二个步骤是在得到各神经元的实际输出结果的基础上，将它与预计目标输出相互比较，得到一般化误差的值，并将其逆向输送到隐含层各神经元，最后根据误差值来不断调整各层间的连接权值。

本书将选择使用的 BP 神经网络结构分为 3 个层次，具体体现为输入层、输出层和若干个隐含层。相关参数设置如表 5 - 1 所示。

表 5 - 1   本书采用的 BP 神经网络参数设定

变量	样本量	层次节点	样本输入	隐含层输出	实际输出	预计目标值	权值
函数	p	n_1，n_2，m	x_{pi}	h_{pi}	y_{pk}	t_{pk}	$\omega_{ij}\omega_{jk}$

具体公式表示为：

$$net_{pj} = \sum_{i=1}^{n_1} x_{pi}\omega_{ij}, \quad h_{pj} = f(net_{pj})$$

$$net_{pk} = \sum_{j=1}^{n_2} x_{pi}\omega_{jk}, \quad y_{pk} = f(net_{pk})$$

定义误差函数为：

$$E = \sum_{p=1}^{p} E_p = \frac{1}{2} \sum_{p=1}^{p} \sum_{k=1}^{m} (t_{pk} - y_{pk})^2 \tag{5-2}$$

权值调整量为 $\Delta\omega = -\eta \frac{\partial E}{\partial \omega}$，修正权值为 $\omega = \omega + \Delta\omega$（其中，$\eta$ 称为学习率）。

BP 神经网络通过逆向传送的方式，运作起来较为简单，易于理解，应用过程中呈现出较好的并行性和良好的容错性、具有较好的自适应和自学习能力、拥有较强泛化能力、能够有效地解决非线性目标函数的逼近问题等优点，被广泛应用于自然和社会各学科和领域中。

三　变尺度混沌 - BP 网络模型

BP 神经网络在应用中仍然存在不足，传统的 BP 神经网络应用梯度下降法训练表现函数，故此网络模型的收敛与否与网络初始权值的选择有着非常密切的关系。如果 BP 神经网络的初始权值选取不恰当，算法会因学习过程陷入局部极小值，从而得不到最优解。同时，神经网络在学习过程中也表现出收敛速度不高，学习速率高时易产生震荡等缺点。这些缺点给神经网络的具体应用效果造成了许多影响。

为避免传统 BP 神经网络基于梯度下降法的局限性，本书应用变尺度混沌优化算法寻找网络模型的最优权值。基于变尺度混沌算法的神经网络，其权值寻求最优不依赖于混沌状态的初始值及网络目标函数的梯度信息，而是利用混沌算法的遍历性的特点对网络权值进行优化搜索，这克服了基本 BP 算法的优化结果依赖于网络初值的选取，及 BP 算法易陷入局部极小值的缺陷。改进后的算法能使训练函数到达网络全局最优权值附近，但存在越接近全局最优，网络搜索速度越慢的缺陷。为了既能保证网络最终寻找到全局最优点，又能提高网络的搜索速度，本书进一步将变尺度混沌算法优化算法与 BP 算法有机结合，提出变尺度混沌 – BP 网络算法。该算法的基本思路如下：

（1）运用变尺度混沌优化法对网络模型的权值分布进行优化搜索，定位出一个个较小、较好的包含全局最优点的权值搜索空间。

（2）将变尺度混沌优化法改为梯度下降法，用其在包含了全局最优权值的较小的权值空间中进行优化搜索，保证较快地得到网络的全局最优权值。

优化后的变尺度混沌 – BP 网络算法既避免了梯度下降法易陷入局部极小的缺陷，实现了全局优化的目标，又兼具了梯度下降法在较小收敛域内有较快的收敛速度的优点。

第三节　变尺度混沌 – BP 网络模型设计

对于变尺度混沌 – BP 网络模型进行设计需要其具备较复合型的效能，其中最为关键的是该模型可以体现出较高的泛化能力。所谓的泛化是指受到实际情境的状况、具体原始数据的来源和容量、该模型设置的层级等几个方面的影响而表现出的适应性。所以，在应用改进的模型对农产品运输进行评价之前，对该网络的参数、训练的具体模式以及各个层级的参数选择和设定是构成该网络的重要因素。各项参数的设定确定后，即可输入样本数据，进行网络训练直至训练成熟，得到一个成熟的网络模型。利用这个网络模型，可以对具体运输方案进行预测和评价。优化的神经网络模型的训练通过 Matlab 程序实现。

一 神经网络层数、各层神经元个数的确定

按照人工神经网络的原理，一个三层结构的网络就可以实现满足一定区间内连续函数映射关系的网络训练过程。隐含层可以只选用一个，可减少训练时间。若调整隐含层的层数，则可能改变计算结果的误差。当然也可以实现误差的减小，但会造成网络训练的速度增加，计算的结果会非常慢。若不增加隐含层的数量，仅仅通过调整隐含层的神经元的数量同样可以实现提高计算的精度，利用这种方法更为简便，易于操作。因此本章将采用一个隐含层只有 1 层，总体结构为 3 层的 BP 神经网络来构建农产品多式联运的综合评价模型。

在具体应用中，一般会给定具体的输入层和输出层神经元数量和学习样本的具体数量。在本书中，以农产品评价准则的 8 个变量确定输入神经元为 8，对农产品运输方式进行综合评价结果而言数量必然为 1，即为输出层的数量。由于隐含层神经元的数量往往与具体操作和设计者的经验密切相关，并且需通过多次试验才能最终确定，因此，最佳的隐含层神经元的实现过程是非常复杂的。在具体操作过程中，可以通过一些较成熟的公式和具体操作经验变化隐含层神经元的个数，在学习的过程中，将无效的神经元去除，或者在不断学习的过程中，不断增加神经元的个数，直到最终达到相对合理的隐含层数目。对隐含层神经元数的确定，有以下几个经验公式：

（1）$\sum_{i=0}^{n} C_{n1}^{i} > k$，其中，$k$ 为样本数，n_1 为隐含层神经元数，n 为输入神经元数。若 $i > n_1$，得出 $C_{n1}^{i} = 0$。

（2）$n_1 = \log_2 n$，n 为输入层神经元数。

（3）$n_1 = \sqrt{n + m} + a$，n 和 m 分别是输入层和输出层的神经元数量。a 是常数，属于 [1，10] 之间。

二 初始权值、学习速率及期望误差的确定

由于网络是非线性的，故训练是否会得到局部最小、是否能够收

敛与网络初始值的选取关系很大。若该数值过大，则加权后得到的输入和将发生变化。因为处于"S"型激活函数的饱和区，使链接权值的协调无法实现结束。因而，最关键的是网络初始权值在输入累加时需要确保神经元和权值的取值。可以使每个神经元的状态值趋向于 0，一般权值选取比较小的随机数。输入样本同样如此，首先要进行归一化处理。保证比较大的输入值能够落在传递函数梯度高的区域。这就使得每一个神经元的链接权值均可以在"S"型激活函数变化最大的地方进行逐步调节。所以，初始值一般选择区间上的随机数。

任何一个网络都有一个相对合适的学习速率，每一次循环训练中所产生权值的变化量就由此学习速率决定。大的学习速率可能导致网络系统不稳定，小的学习速率会使网络训练时间延长，收敛速度变慢，无法确保网络误差跳出局部极小最终趋于全局最小误差。因此，为了确保网络的平稳运行，较小的学习速率是较好的选择。一般而言，学习速率的区间集中在 0.01—0.8。类似于初始权值的选取过程，在设计一个神经网络模型时，需要训练若干个不相同的学习速率。以此来分析和观察误差平方和 $\sum e^2$ 的下降速度的变化过程，从而做出合适的学习速率的选择。误差平方和的不同状态显示了学习速率的合适与否，若下降显示很快，则说明选取的学习速率合适。若显示出现振荡，则说明选择的学习速率过大。一般而言，每一个网络会找到一个适宜的学习速率。但复杂性较高的网络，情况有所不同，不同的学习速率可能会存在于误差曲面的若干个区域。若要避免花费在寻找合适学习速率上较多的训练时间和数量，通常会采用变化的自适应学习速率，可以在各个过程段中自动配置不同的学习速率。总体而言，学习速率慢，则收敛慢。学习速率加快，收敛加快，但较容易出现振荡现象。

网络合适的期望误差值也应当通过对比训练后确定。"合适"，是相对于隐含层的节点数确定的。通常，通过增加训练时间、增大隐含层节点，可以得到较小的期望误差。在具体操作时，针对有不同期望误差的网络，可以同时展开训练学习过程，最终结合实际情境、网络状态等内部和外部环境因素综合确定最后的选择。

三 训练模式及参数调整的确定

批变模式和逐变模式，是训练网络的两类模式。批变模式因为批量操作的原因，使用起来更为简单。数据输入后可以同时在网络中执行，只需要更新一次误差和权值。逐变模式正相反，数据在输入后一次在网络中执行，需要分多次更新误差和权值。对比来看，使用批变模式时，只要确定一个训练函数，无须逐层设置，操作简单易行。对许多优化改进的算法来说，逐变模式无法使用，只能运用批变模式。因此，作为改进的网络模型，本书选择使用批变模式。

若想实现某些特定的功能，需要确保输入样本的实际输出和期望输出产生的误差达到一个较小的值域。多层神经网络的隐含层大多采用 Sigmoid 型函数，Sigmoid 型函数还被命名为"挤压"函数，它所具有的优势是，可以将许多无边界局限的输入信息压缩到特定而有限的输出值域内。在输入值较大或者较小时，输出函数的斜率会趋近于 0。故当在训练多次神经网络时使用了梯度下降法时，它体现出比较小的梯度数量等级，缩小了权值和阈值的范围。缺陷是训练停止时，结果并未达到最优。采用弹性梯度下降法可以避免这种误区，表现函数导数的正负决定了权值的修正，而导数的数量级大小对权值修正并没有影响。将 Matlab 中 Newff 函数最后一个参数设为"trainrp"，代表用弹性梯度下降法调整参数。

四 农产品多式联运综合评价建模

1. 农产品多式联运综合评价指标体系构建

结合上一章的分析可知，对农产品多式联运的模式进行综合评价，需要依据一定的原则。农产品因其对快速、低耗、保鲜等特殊要求，对运输模式选择的评价也有其自身的特点。因此，对农产品的运输方式组合的各个方案进行评价，应考虑多方面因素的影响：第一，选择运输方式以经济性为原则，具体表现为成本、企业营业收入和财务状况；第二，针对农产品的特点，提高运输的快速反应能力，缩短运输时间和距离，具体表现为运输准时率、运输时间和运输距离等指标；第三，降低农产品运输的风险，主要表现在降低货物的损耗方

面，通过货物损耗和事故率等几个指标来体现。① 在具体操作中主要
考虑经济性、敏捷性、风险控制性三个方面的关键因素。结合每一个
关键因素都有各自的子指标综合构成最终完整的综合评价准则。利用
上述评价原则最终确定的综合评价指标体系如表 5 - 2 所示。

表 5 - 2　　　　　　农产品运输通道综合评价指标体系

农产品运输通道综合评价指标体系							
经济性			敏捷性			风险控制性	
经营成本	营业收入	财务状况	运输准时率	运输时间	运输距离	货物损耗	事故率

在上一章中，通过对农产品运输通道评价指标进行分析的基础
上，通过调研和专家评测，对方案 1 直到方案 10 构建指标判断矩阵，
得出综合评价指标排序，应用层次分析法进行分析，求解最底层的指
标对目标的影响权重，因此最终确定了综合评价权重体系。

2. 农产品运输模式变尺度混沌 - BP 网络评价模型

在对农产品的运输特性和原则研究的基础之上，提出一个综合评
价指标体系，采用层次分析法计算出评价指标对目标的影响权重，为
变尺度混沌 - BP 网络评价提供数据样本。利用 AHP 方法，根据专家
的评估分值，通过判断矩阵的运算，获得方案层的权值。方案层每一
个可选方案的综合值就作为 BP 神经网络的理想输出值。运用变尺度
混沌 - BP 神经网络的不断学习和训练，相关的信息会在各层次神经
元中得到保存，综合构成网络的知识储备。正是依靠这些储备知识，
可以实现对现有样本数据的评价，从而实现对各运输方案的评价。本
书设计的优化步骤主要按照以下思路展开设计，具体的农产品运输变
尺度混沌 - BP 网络的具体运作步骤如下：

Step1：网络初始化。确定神经网络结构，网络权值 ω_i^0，学习误差
$E(\omega_i^0)$，网络误差 $Error$，网络的最小误差 $Error\_goal$，其中，$Error <$

① 郗恩崇、郭玲：《我国鲜活农产品运输的 VC - BP 神经网络组合模型》，《烟台大学
学报》（哲学社会科学版）2015 年第 3 期。

$Error\_goal$，混沌变量迭代标志 $k=0$，迭代次数 M_1，变尺度标志 $l=0$，迭代次数 M_2 及其他参数；令 $\omega_i^* = w_i^*$，$E^* = E(\omega_i^0)$。

Step2：混沌迭代。令 $k=k+1$，由式（5-2）计算出下一步搜索的混沌变量 ω_i^k。

Step3：将混沌变量 ω_i^k 按式（5-3）映射到 BP 网络的权值空间 $[a_i^l, b_i^l]$ 成为 ω_i^k。

$$\omega_i^k = a_i^l + (b_i^l - a_i^l)(\omega_i^k + 1)/2 \qquad (5-3)$$

Step4：对权值变量 ω_i^k 进行 BP 训练，由式（5-1）计算输出误差 E。若 $E < E^*$，则 $E^* = E$，$\omega_i^* = \omega_i^k$；否则继续。

Step5：重复 Step2、Step3 和 Step4，直到一定步数 M_1 内 E^* 保持不变，或者 $E^* < Error$。

Step6：权值空间进行变尺度压缩：

$$d_i^{l+1} = \omega_i^* - y(d_i^l - a_i^l) \qquad b_i^{l+1} = \omega_i^* + y(b_i^l - a_i^l)$$

其中，$y \in (0, 0.5)$，ω_i^* 为当前最优解。

为使新范围不越界，作如下处理：

若 $a_i^{l+1} < a_i^l$，则 $a_i^{l+1} = a_i^l$；

若 $b_i^{l+1} > b_i^l$，则 $b_i^{l+1} = b_i^l$。

由 ω_i^* 计算混沌变量：$\omega_i^* = 2\dfrac{\omega_i^* - \omega_i^{l+1}}{b_i^{l+1} - \omega_i^{l+1}} - 1$。

Step7：构造新的混沌变量。

$v_i^k = (1-a)\omega_i^* + a\omega_i^k$，将 v_i^k 赋予 ω_i^k。

$$a = \exp(-l-1) \qquad (5-4)$$

重复 Step2、Step3 和 Step4 进行混沌 BP 训练，直到一定步数 M_1 内 E^* 保持不变，或者 $E^* < Error\_goal$。

Step8：令 $l=l+1$，按式（5-4）减小 a 值，重复 Step6 和 Step7。

Step9：重复 Step8，直到 $E^* < Error$ 或重复迭代 M_2 次后，输出变尺度混沌优化 BP 神经网络权值的最优值 ω_i^*，网络的最小误差 E^*。

Step10：将经过变尺度混沌优化的 BP 算法训练后输出的神经网络权值 ω_i^* 作为初始权值，输入梯度下降法的 BP 网络，继续进行 BP 训练直到误差函数达到 *Error_ goal*。

第四节　模型的仿真训练

一　样本数据

假设目前有 15 个运输方案，在层次分析法获得的各评价指标权重体系基础上，选取 10 项运输方案，对每个方案用运输收入、运输成本、财务状况、准时率、运输时间、运输距离、货物损耗、事故赔偿 8 个评价指标来确定其优劣，专家评价列数据表示对该运输方案的综合评价结果。模型可以针对任一类别农产品进行分析，本章因采用了第四章所获得的指标权重，因此在此例中所针对的农产品类别是鲜活农产品。

表 5 – 3 为经过量化和处理，通过专家打分，并应用层次分析法得到每个运输方案的综合评价分数的实验训练数据。

表 5 – 3　　　　　　　　　专家数据与结果

方案	运输收入	运输成本	财务状况	准时率	运输时间	运输距离	货物损耗	事故率	专家评价
1	1.00	1.00	1.00	1.00	1.00	1.00	1.00	1.00	1.0000
2	0.88	0.41	0.82	0.99	0.96	0.41	0.85	0.58	0.7274
3	0.72	0.15	0.39	0.39	0.99	0.91	0.46	0.08	0.6813
4	0.46	0.08	0.57	0.64	0.69	0.47	0.92	0.07	0.5240
5	0.09	0.15	0.77	0.65	0.86	0.36	0.46	0.71	0.5361
6	0.95	0.95	0.61	0.57	0.67	0.42	0.23	0.73	0.6379
7	0.76	0.87	0.73	0.25	0.71	0.88	0.36	0.56	0.7074
8	0.96	0.93	0.69	0.31	0.29	0.75	0.63	0.37	0.5763
9	0.22	0.40	0.28	0.72	0.65	0.38	0.52	0.21	0.5021
10	0.34	0.92	0.40	0.98	0.32	0.24	0.22	0.04	0.4505
11	0.95	0.44	0.93	0.15	0.28	0.89	0.22	0.65	0.4799
12	0.93	0.12	0.25	0.83	0.35	0.60	0.84	0.68	0.4732
13	0.92	0.31	0.47	0.92	0.69	0.33	0.95	0.92	0.5998
14	0.88	0.93	0.18	0.99	0.55	0.93	0.53	0.77	0.7376
15	0.65	0.49	0.85	0.58	0.82	0.61	0.44	0.70	0.6574

二 网络训练

八个变量的原始数据在经过归一化处理之后，选取 15 个方案中的 10 个方案输入到利用变尺度和混沌优化后的神经网络中，改进的网络呈现出 8_ 17_ 1 的网络层次。训练后得到结果如图 5 - 4 所示。

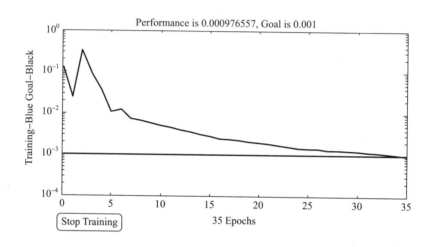

图 5 - 4 变尺度混沌 - BP 网络训练

经过 35 次训练，误差达到 0.000977，在允许的误差范围内，网络训练成熟。

通过训练得到的网络模型如表 5 - 4 所示。

表 5 - 4　　　　　　　　　　　　网络模型

网络输入个数	隐含层神经元个数	输出层神经元个数	中间层激活函数	输出层激活函数	网络训练函数
8	17	1	tansig	logsig	trainrp

三 结果分析

对 10 个方案的训练在经过多次学习之后，逐渐达到成熟。将其余五个样本继续进行仿真训练，训练后的结果可以与传统的人工神经网络比照分析，如表 5 - 5 所示。

表 5 – 5　　　　传统 BP 算法和变尺度混沌 – BP 算法结果对照

项目编号		11	12	13	14	15
专家值		0.4799	0.4732	0.5998	0.7376	0.6574
标准 BP 算法	预测值	0.2169	0.7211	0.8039	0.8676	0.6201
	误差	26.3	24.8	20.4	13	3.7
变尺度混沌 – BP 网络	预测值	0.4266	0.5152	0.7158	0.7739	0.6961
	误差	5.3	4.2	11.6	3.6	3.9

改进后的网络训练结果与传统网络结果对比可知，改进后的预测误差总体均小于传统的网络预测误差值。且改进后的网络训练速度得到极大的提高，表现出较好的一般化应用能力。

网络输出值：$Y = [\,0.4266 \quad 0.5152 \quad 0.7158 \quad 0.7739 \quad 0.6961\,]'$

目标输出值：$T = [\,0.4799 \quad 0.4732 \quad 0.5998 \quad 0.7376 \quad 0.6574\,]'$

误差：$E = [\,0.05 \quad 0.04 \quad 0.12 \quad 0.04 \quad 0.04\,]$，在允许范围内，可用来对运输方案进行评价。

如表 5 – 6 所示，本书提出的变尺度混沌 – BP 网络模型得出的 5 个方案的评价结果和排序。

表 5 – 6　　　　　　　　测试样本评价结果

方案	专家评价	模型评价结果	方案排序
11	0.4799	0.4266	5
12	0.4732	0.5152	4
13	0.5998	0.7158	2
14	0.7376	0.7739	1
15	0.6574	0.6961	3

从测试样本的评价结果来看，最佳对象指向方案 14，最差对象指向方案 11，针对此批鲜活农产品运输的所有方案中，方案 14 为最佳选择，与专家评价和实际变量的具体特征相符合。农产品运输供求双方均可据此选择一种运输方案，也可结合具体运力、设备等状况从方

案排序中择优选择。

第五节　本章小结

应用改进后的变尺度混沌－BP神经网络模型，可有效对农产品多式联运各种组合方案进行综合评价。其样本数据来源于农产品多式联运综合评价的指标体系，该指标体系是在针对农产品的特性分析基础上，同时结合专家对各运输方式组合方案的评价而形成的相关定量和定性指标。应用变尺度混沌－BP网络模型进行多次训练，即通过类似于人类神经的运作流程分析，在这个过程中通过持续的学习、对权值、阈值不断调试，积蓄到足够的经验，得到一个成熟的网络模型。通过此网络结构，可以针对农产品各种组合运输方案的综合评价值进行分析，结合评价需求方的目的和农产品的类别，对所有的参与方案排出序列，提供决策帮助。仿真过程显示，该模型可有效避免单纯使用人工神经网络的缺陷，从而具有较好的应用性。

该网络模型体现出较强的适应弹性，可以结合具体情境调整样本输入。比如，具体案例中的评价依据可以通过输入神经元的变化做出调整，专家和实际值的数量可以通过调整样本数据的输入来实现，调整相应的参数得到新的网络模型。因此，变尺度混沌－BP模型在农产品运输方案评价的实际应用中具有较强的适应能力和联想能力。

第六章　农产品多式联运综合评价模型的验证

第一节　问题的描述

　　一批鲜活农产品 40 吨从山东省最大的农产品集散中心潍坊市运往东北地区，终点为哈尔滨。所涉及的中间城市分别是沈阳、营口、长春、大连。分别用 1、2、3、4、5、6 表示所有的 6 个城市，1 为起点城市潍坊，6 为终点城市哈尔滨。其中，每一个城市均具备转换能力，可转换为公路、铁路两种运输方式，其中，有限的各节点城市属于港口城市，如潍坊、营口和大连，具备转换为水路运输方式的能力。该公司常年从事山东至东北地区的农产品运输，目的是实现对每一个从出发点城市到东北地区区域内多式联运的可能方案进行多式联运效能水平的评价，为该公司可能进行的多个运输计划的决策提供参考。因软件运行需要，本例设定求解得出从城市节点 1 至城市节点 6 可实现经济性、敏捷性及风险控制性组合的最佳路径，即多式联运综合评价水平最佳的方案。

一　各节点城市网络

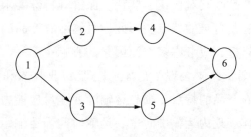

图 6 - 1　各节点城市网络

二 各节点城市间运输路径网络

每一种运输方式表示为 ij，i = (1，2，3，4，5，6)，代表每一城市节点，j = (1，2，3)，代表每一种运输方式，1 为铁路，2 为公路，3 为水路。每一节点都至少具备 2 种运输的可能方式。本算例中 1、3、5 是货运港口，具备运输该批货物的条件。存在由港口城市 1 直接水路运达至港口城市 5 的运输路线。图 6 - 2 为运输路径网络。

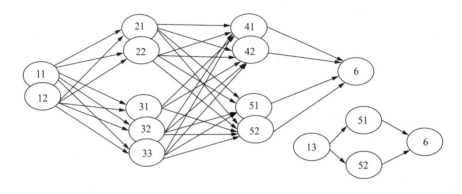

图 6 - 2 运输路径网络

第二节 数据的采集

一 采用的指标依据说明

本章研究的对象是对鲜活农产品的多式联运效能水平进行综合评价，而鲜活农产品因其对快速、低耗、保鲜等特殊要求，对运输方案选择的评价也有其自身的特点。因此，对鲜活农产品的运输方案进行评价所依据的指标，应考虑多方面因素的影响：第一，选择运输方式以经济性为原则。具体表现为成本、企业营业收入和财务状况。第二，针对鲜活农产品的特点，提高运输的快速反应能力，缩短运输时间和距离。具体表现为运输准时率、运输时间和运输距离等指标。第三，降低鲜活农产品运输的风险，主要表现在降低货物的损耗方面。

通过货物损耗和事故赔偿等几个指标来体现。在前期研究的基础上，确定具体指标中经济性、敏捷性和风险控制性三个方面的关键因素。通过层次分析法确定在经济性指标中各个分量指标在运输过程中的影响权数分别为：运输收入 0.0525，运输成本为 0.1773，财务状况所占权重为 0.0307；敏捷性指标中，准时率所占的比重为 0.0777，运输时间权重为 0.3529，运输距离为 0.2028；在风险控制性指标中，货物损耗所占权重为 0.0849，事故率权重为 0.0212。[①] 为了进一步简化计算，且能较大程度反映实际，在三个一级指标中分别选取权重最高的运输成本、运输时间、货物损耗三个变量作为关键指标，即可分别反映一级指标经济性、敏捷性和风险控制性的指标状况。在实际运输过程中，运输成本具体表现为运输成本以及中转过程成本，运输的成本和中转成本在经济性指标中的权重分别为 0.9 和 0.1；运输时间也同样体现为运输时间和中转时间，其在敏捷性中的权重分别为 0.9 和 0.1；在具体数据处理中，将其分别表示为经济性 1（E1），经济性 2（E2），敏捷性 1（P1）、敏捷性 2（P2）和风险控制性（L）5 个具体指标。因此，本书研究将以 E1、E2、P1、P2 和 L 共 5 个指标作为模型分析的依据。[②]

二 原始数据的收集及分析

1. 经济性 1 和敏捷性 1 的数据

经济性 1 和敏捷性 1 分别通过关键指标运输费用和运输时间来表示：公路运输的经济性 1 由实际的运距和价格产生，在具体鲜活农产品运作过程中，采用的价格一般整车 30 吨的价格 13 元/千米，整车 40 吨的价格大致在 10 元/吨，本书采用 10 元/千米；铁路运输的经济性 1 由具体的运距和实时的价格来确定。一般而言，水路运输的费用大概相当于公路运费的 8%—25%，在本例中仍然按照实时的价格来计算。敏捷性 1 的运输时间均按照各个节点间的运输方式的实际运输

① 郭玲：《基于多目标综合评价的农产品运输模式研究》，《山东农业大学学报》（自然科学版）2015 年第 1 期。

② 同上。

时间。本书数据实时价格和运输时间来自2014年3月至5月。

表6-1　农产品在各种运输方式条件下经济性1、敏捷性1的数据

	公路（元/时）		铁路（元/天）		水路（元/时）	
	E1	P1（时）	E1	P1（天）	E1	P1
1—2	9667	11	7521.5	7	—	—
1—3	8914	11	8470.9	7	3400	2
2—4	3803	4	2245	3	—	—
2—5	3850	4	2747	3	—	—
3—4	5678	6	3194.2	3	—	—
3—5	2195	2	2012.6	3	—	—
4—6	2634	3	1982.2	3	—	—
5—6	1030	12	5733.7	5	—	—
1—5	—	—	—	—	2820	8

2. 经济性2和敏捷性2数据分析

经济性2和敏捷性2通过关键指标具体体现为各城市间转运费用和转运时间，转运的费用由转运的时间长短来决定，多式联运的目的是让整个流程更为通畅，因此尽量缩减转运时间，一般而言，较长的转运时间限定为最长2天，最短为1天。在文献研究的基础上，转运的一般性费用设定如表6-2所示。

表6-2　　　　　农产品在各种运输方式下E2、P2的数值　　　单位：Km/h

	公路	铁路	水路
公路	—	1100/1	1600/1.5
铁路	1100/1	—	1800/2
水路	1600/1.5	1800/2	—

3. 可能的路径方案指标数据值

在具体运作过程中，每一种运输方式并不存在于所有的城市节点间，将所有存在运作的路径之间的可能路径归结为48种运输方案，

具体方案的各个指标值如表6-3所示。

表6-3　　　　　　　可能的路径方案指标值

序号	方案	经济性1（元）	经济性2（元）	敏捷性1（小时）	敏捷性2（小时）	风险控制性（小时）
1	11-21-41-6	11748.7	0	312	0	5
2	11-21-42-6	12400.5	1100	243	1	14.9
3	11-21-51-6	16002.2	0	360	0	15
4	11-21-52-6	12328.5	1100	252	1	14.9
5	11-22-41-6	13306.7	2200	244	2	15
6	11-22-42-6	13958.5	1100	175	1	14.9
7	11-22-51-6	17105.2	2200	292	2	15
8	11-22-52-6	12401.5	1100	184	1	14.9
9	11-31-41-6	13647.3	0	312	0	5
10	11-31-42-6	14299.1	1100	243	1	14.9
11	11-31-51-6	16217.2	0	360	0	5
12	11-31-52-6	11613.5	1100	252	1	14.9
13	11-32-41-6	16131.1	2200	246	2	15
14	11-32-42-6	16782.9	1100	177	1	14.9
15	11-32-51-6	16399.6	2200	290	2	15
16	11-32-52-6	11695.9	1100	182	1	14.9
17	11-33-51-6	14863.1	3600	289	4	15
18	11-33-52-6	10159.4	3400	181	3.5	15
19	12-21-41-6	13894.2	1100	155	1	14.9
20	12-21-42-6	14546	2200	86	2	15
21	12-21-51-6	18147.7	1100	155	1	14.9
22	12-21-52-6	13444	1100	95	2	14.9
23	12-22-41-6	15452.2	1100	87	2	14.9
24	12-22-42-6	16104	0	18	0	5
25	12-22-51-6	19250.7	1100	135	1	14.9
26	12-22-52-6	14547	0	27	0	5
27	12-31-41-6	14090.4	1100	155	1	14.9
28	12-31-42-6	14742.2	2200	85	2	15

续表

序号	方案	经济性1 （元）	经济性2 （元）	敏捷性1 （小时）	敏捷性2 （小时）	风险控制性 （小时）
29	12 - 31 - 51 - 6	16660.3	1100	203	1	14.9
30	12 - 31 - 52 - 6	11956.6	2200	95	2	15
31	12 - 32 - 41 - 6	16574.2	1100	89	1	14.9
32	12 - 32 - 42 - 6	17226	0	20	0	5
33	12 - 32 - 51 - 6	16842.7	1100	133	1	14.9
34	12 - 32 - 52 - 6	12139	0	25	0	5
35	12 - 33 - 51 - 6	15306.2	3200	132	3.5	15
36	12 - 33 - 52 - 6	10602.5	3200	24	3	15
37	13 - 31 - 41 - 6	8576.4	1800	146	2	15
38	13 - 31 - 42 - 6	6442.6	2900	86	3	15
39	13 - 31 - 51 - 6	11146.3	1800	194	2	15
40	13 - 31 - 52 - 6	6442.6	2900	96	3	15
41	13 - 32 - 41 - 6	11060.2	2700	80	2.5	15
42	13 - 32 - 42 - 6	11712	1600	11	1.5	14.9
43	13 - 32 - 51 - 6	11328.7	2700	124	2.5	15
44	13 - 32 - 52 - 6	6625	1600	16	1.5	14.9
45	13 - 33 - 51 - 6	9792.2	1800	123	2	15
46	13 - 33 - 52 - 6	5088.5	1600	15	1.5	14.9
47	13 - 51 - 6	8553.7	1800	128	2	15
48	13 - 52 - 6	3850	1600	20	1.5	14.9

第三节　基于优化的神经网络模型设计和分析

一　基于优化的神经网络参数设计

在进行农产品多式联运模式综合评价的 BP 网络设计时，需要从设计模式的结构层级、输入输出神经元、确定学习速率和初始数值、具体的训练模式以及人工神经网络的参数调试等若干方面进行考虑。

采用三层神经网络结构来构建农产品综合运输效能水平评价模型，可以完成空间内任意 N 维到 M 维的映射；神经元个数体现为具体的指标数量，在这里采用经济性 1、经济性 2、敏捷性 1、敏捷性 2 和风险控制性 5 个指标，即输入层神经元的个数为 5；输出层神经元的个数为针对若干运输模式进行综合运输效能评价的结果，所以将最终确定的最优化结果作为输出层神经元个数，即为 1；初始值选择在区间（-1，1）之间的随机数；为了确保网络的稳定性，可以使学习速率保持在 [0.01，0.8] 集合内的较低数值。训练函数在网络中保持统一，即使用批变的形式，在具体操作时不需为每一层级逐层设置函数，操作起来更为简便。多层神经网络的隐含层采用 Sigmoid 型传递函数。[1] 在人工神经网络中使用弹性梯度下降的方法，表现函数导数的正负号决定了如何修正权值，在修正权值时，导数的数量级不起作用。将 Matlab 中 Newff 函数最后一个参数设为 "trainrp"，代表用弹性梯度下降法调整参数。

二　基于优化的神经网络模型运行过程及结果

依据鲜活农产品的特点，通过评价指标体系，确定关键指标为经济性 1、经济性 2、敏捷性 1、敏捷性 2 和风险控制性五个方面。由此可获知具体算例的数据样本，通过对样本数据的归一化处理，进一步构建网络，然后通过网络训练所得到的数据中，提炼总结出需要的信息数据，这些信息会被存储到各个神经元中，最终会形成系统的网络知识，获取这些知识可以提供预测或者评价的有利参考，实现对各个运输方案的综合运输效能水平的评价。

从城市 1 到达城市 6 的六个城市间的可能运输方案有 48 个，可通过原始数据分别计算得出 E1、E2、P1、P2、L 的实际值，并可利用层次分析法确定的权值获得每一方案的综合评价指数。对样本原始数据做归一化处理，使所有数据处于 [0，1] 的区间内。采用 5—11—1 的神经网络拓扑结构，对 48 个方案中前 40 个数据进行训练。网络训

---

① 郭旭东：《基于神经网络的空间目标轨迹跟踪系统的研究》，硕士学位论文，武汉理工大学，2008 年。

练模型如表6-4所示。

表6-4 优化的神经网络训练模型

网络输入个数	隐含层神经元个数	输出层神经元个数	中间层激活函数	输出层激活函数	网络训练函数
5	11	1	tansig	logsig	trainrp

运用优化的神经网络训练的结果如图6-3所示。

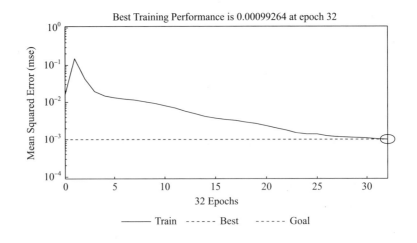

图6-3 优化的神经网络训练

由图6-3可见，在混沌迭代50步，变尺度迭代20步后，经过32次网络训练，误差达到0.00099，满足目标误差设定为0.001的要求，网络训练达到成熟。

如表6-5所示，通过对可行的48个方案所做的综合运输水平评估排序可知，方案48为最优，该方案显示出较高的多式联运的综合效能水平。按照各指标的综合分析，多式联运效能评价较高的方案中均采用了水路运输。其中，水路公路联运占大多数，少部分采用水路铁路联运。出现此现象的原因是2011年寿光港口开始建设，目前港口的吞吐量已经突破1000万吨，进入一类港口。山东省政府的规划

表 6 – 5　　　　　　　　　　　　　　　优化的神经网络算法方案综合评价

	1	2	3	4	5	6	7	8	9	10	11	12
方案	13 – 52 – 6	13 – 33 – 52 – 6	13 – 32 – 52 – 6	13 – 31 – 42 – 6	13 – 31 – 52 – 6	13 – 51 – 6	13 – 31 – 41 – 6	13 – 33 – 51 – 6	12 – 33 – 52 – 6	11 – 33 – 52 – 6	13 – 32 – 41 – 6	13 – 32 – 42 – 6
排序	48	46	44	38	40	47	37	45	36	18	41	42
方案	13 – 32 – 51 – 6	13 – 31 – 51 – 6	11 – 32 – 52 – 6	12 – 32 – 52 – 6	11 – 31 – 52 – 6	12 – 31 – 52 – 6	11 – 21 – 41 – 6	11 – 22 – 52 – 6	11 – 21 – 52 – 6	11 – 21 – 42 – 6	12 – 21 – 52 – 6	11 – 31 – 41 – 6
排序	13	14	15	16	17	18	19	20	21	22	23	24
方案	12 – 21 – 41 – 6	11 – 22 – 41 – 6	11 – 22 – 42 – 6	12 – 22 – 52 – 6	12 – 31 – 41 – 6	11 – 31 – 42 – 6	12 – 21 – 42 – 6	12 – 31 – 42 – 6	11 – 21 – 51 – 6	12 – 22 – 42 – 6	11 – 33 – 51 – 6	12 – 22 – 41 – 6
排序	25	26	27	28	29	30	31	32	33	34	35	36
方案	12 – 33 – 51 – 6	11 – 31 – 51 – 6	12 – 32 – 41 – 6	12 – 32 – 42 – 6	12 – 32 – 51 – 6	12 – 31 – 51 – 6	11 – 32 – 42 – 6	11 – 32 – 41 – 6	11 – 32 – 51 – 6	11 – 22 – 51 – 6	12 – 21 – 51 – 6	12 – 22 – 51 – 6
排序	35	11	31	32	33	29	14	13	15	7	21	25

目标是在 2015 年年底将寿光港建成长江以北最大的河海联运枢纽港口，黄河三角洲区域最大的集装箱中转基地和液体化工、矿石、粮食、能源等的中转基地。在这一背景下，寿光港口货运发展迅速。对于山东省最大的农产品生产基地而言，这一背景为鲜活农产品运输过程中有效运用水路运输缩短鲜活农产品北运距离，降低成本提供了有利条件。在此算例中，由山东半岛运往东北，由于寿光、营口和大连均是北方较大的货运港口，且水上距离远远要小于陆地距离，水上运输的综合成本优势显著。通过优化后的神经网络训练结果，这一结果得到验证。

第四节　基于运筹规划基础的模型设计和分析

一　农产品多式联运综合评价模型的设计

1. 模型假设

假设一：在相邻城市之间，只能选择一种运输方式；

假设二：每一个节点城市，均具备运行两种或三种运输方式的条件；

假设三：在节点城市，运输方式的改变最大为 1 次；

假设四：总体转换运输方式不超过 3 次；

假设五：两节点城市间的运输费用可知；

假设六：两节点城市间的运输时间可知；

假设七：在节点城市进行转换时的费用和时间可知。[1]

2. 符号说明

M 表示可以选择的运输方式；

C_{ij}^u 表示从 i 城市到 j 城市采用 u 运输方式的单位运输费用；

x_{ij}^{uv} 表示从 i 城市到 j 城市是否采用 u 的运输方式；

---

① 王巍、张小东、辛国栋：《基于多式联运的组合优化模型及求解方法》，《计算机工程与应用》2009 年第 7 期。

y_i^{uv} 表示在节点城市 i 是否发生运输方式从 u 到 v 的转换；

T_{ij}^u 表示从 i 城市到 j 城市采用 u 运输方式的运输时间；

S_i^{uv} 表示在节点城市 i，运输方式从 u 转换到 v 发生的运输中转费用；

M_i^{uv} 表示在节点城市 i，运输方式从 u 转换到 v 发生的运输中转时间；

D_{ij}^u 表示采用 u 运输方式在 i 城市到 j 城市的运输距离；

v^u 表示 u 运输方式的运输速度；

Q 表示限定的最大中转次数；

E 表示所有点与线的网络集合；

K 表示满足运输距离线路的集合；

L 表示运输过程中发生的货物损耗。

3. 模型的建立

$$Y = \min \sum \left(0.2345 \sum_{(ij) \in E} \sum_{u \in M} X_{ij}^u C_{ij}^u D_{ij}^u + 0.026 \sum_{v \in M} \sum_{V \in M} y_i^{uv} S_i^{uv} + \right.$$

$$\left. 0.57 \sum_{(ij) \in E} \sum_{u \in M} X_{ij}^u T_{ij}^u + 0.0633 \sum_{i \in E} \sum_{uv \in M} y_i^{uv} M_i^{uv} + 0.1062 \sum L_t \right)$$

约束条件为：

$$\begin{cases} x_{ij}^u = \begin{cases} 0 \\ 1 \end{cases} \\ \sum_{u \in M} x_{ij}^u = 1 \quad (i,j) \in E \\ y_i^{uv} = \begin{cases} 0 & u \neq v \\ 1 & u = v \end{cases} \quad i \in E, u \in M, v \in M \\ T_{ij}^u = \dfrac{D_{ij}^u}{v^u} \\ \sum_{uv \in M} y_i^{uv} \leqslant Q \quad i \in E \quad Q \leqslant 3 \\ E \subseteq K \end{cases}$$

二 基于规划问题模型的求解结果

根据已知条件，利用 Matlab 优化工具箱求解该算例最优解，所得最优解为 Y = 957.5，最优解指向方案 48 为最优，这一结论与优化后的神经网络算法的求解结果一致。方案 48 路径是水路公路联运，因水路运输大大缩短了运输距离，使成本大幅度降低，结合高速公路绿色通道运输鲜活农产品的快捷性，使此方案在三个主要指标经济、敏捷性及损耗方面均具有较高的评价。寿光作为全国最大的农产品生产基地，也是东北各地农产品尤其是鲜活农产品的主要原产地。两者分别处于渤海湾周边，在水运方面均具有较好的地理优势，最优解说明水路运输是这一算例的发展重点，而由于山东半岛和辽东半岛既具有水运优势，同时各个港口均与腹地紧密相连，可以有效利用此优势发展两个地区的多式联运运输体系。

第五节　结果对比分析

利用已训练成熟的网络，对其余 41—48 个方案进行仿真预测。分别采用传统 BP 算法和优化后的 BP 算法进行预测，两种神经网络算法的训练结果对比如表 6 - 6 所示。

表 6 - 6　传统 BP 算法与变尺度混沌优化神经网络算法误差对比

方案序号		41	42	43	44	45	46	47	48
方案评估值		0.4876	0.5017	0.5026	0.1769	0.3977	0.0784	0.3192	0
传统	预测评估值	0.5638	0.3503	0.5613	0.0947	0.3697	0.1291	0.2793	0.0972
	误差%	8.52	15.15	5.86	8.23	2.81	5.07	3.99	9.72
改进	预测评估值	0.4378	0.4841	0.4684	0.1690	0.3817	0.1137	0.2965	8.17
	误差%	4.08	1.76	3.42	0.79	1.6	3.53	2.27	0.0817

由表 6 - 6 可知，优化算法经过 32 次训练达到成熟，传统 BP 算法经过 97 次训练才达到网络成熟，训练速度较慢，训练时间较长。优化后的变尺度混沌 BP 算法与实际方案评估值的误差均小于传统 BP 算法，表现出较好的收敛性和泛化能力。通过规划求解所得的最优值为方案 48，同样验证了运用变尺度混沌改进的神经网络模型的训练结

果。但是线性规划的算法在以往利用线性规划进行分析的文献中，除了较小的样本数据之外，多数文献采用的是假设数据，原因在于利用线性规划分析，所需要的数据搜集、输入和计算都相对复杂，给具体的工作和研究带来困难。本例中仅 48 个方案的计算工作量尚可，若有更多的样本容量和更复杂的数据情况下，利用线性规划的算法不具备方便操作的优势。而改进的神经网络则在此方面有突出的适应能力，评价准则的变动，只需调整输入神经元的数量；样本容量的大小，只需要多输入一行或者几行数据而已。因此，改进的神经网络模型表现出较好的适应性和泛化性。

进一步分析可知，最优方案 48 采用水路公路联运，其他的方案也基本采用水路结合铁路或公路联运的形式。在此案例中，山东半岛和辽东半岛均在水运方面具备地理优势，且水路运输具有运输距离小、对油价的波动不敏感、运量较大等优势；各个港口与陆路腹地紧密相连，陆地公路网和铁路网十分密集，非常适宜发展多式联运；采用滚装运输可以综合利用该区域地理优势，将公路、铁路和水路资源有效地整合到一起；环渤海湾地区的海上运输非常发达，且具有滚装运输的发展历史，两个地区间农产品的运输具备充足的条件可以采用滚装运输的形式。[①] 在多式联运的发展中，在港口沿线城市可以大力发挥其水路优势，公水联合、公铁联运将会发挥重要作用。

第六节　本章小结

对农产品多式联运的综合评价基于一个完整的评价指标体系，结合农产品运输的特点，通过层次分析法确定经济性、敏捷性和风险控制性为其评价判断的指标原则，进一步分析二级指标，选择其关键指标确定经济性 1、经济性 2、敏捷性 1、敏捷性 2、风险控制性 5 个指

① 郭玲、郗恩崇：《基于神经网络的农产品综合运输水平评价研究》，《沈阳农业大学学报》2015 年第 5 期。

标作为评价其多式联运效能水平的指标体系。依据此指标体系，利用优化后的神经网络体系做出训练，并将训练结果与传统神经网络训练结果和线性规划最优化算法相比对，三种算法所获得的多式联运综合评价水平最高的方案相同，优化后的神经网络训练过程中训练时间短，迭代次数少，所表现出的拟合程度较高，误差与实际数据相比接近。

通过训练的结果分析，在农产品多式联运中大力发展公水（海）联运、铁水（海）联运，陆地则通过绿色通道网络的支持发展公铁联运，这与第三章农产品多式联运的发展阶段分析相吻合。具体方式可以通过滚装运输、深化集装箱发展促进多式联运的发展，从而进一步提高农产品多式联运系统的无缝连接性，有效提高农产品运输的综合运输水平。综合运输的提出本身源于对运输环节的高度资源整合，通过实现无缝连接的目标从而达到提高物流运输的效率，降低物流运输的成本。而多式联运，可以将各种运输方式优势互补，实现有效整合。在具体实行中，通过滚装运输将水路、铁路和公路运输进一步衔接，是实现综合运输无缝连接的有效方式。

本章的模型适用于对任何节点城市间的运输方案做出评价，需要说明的是，此算例中设定的城市部分属于绿色通道网络，实际运行中，该绿色通道涉及全国4条绿色通道中的2条，且与其他的绿色通道线路相互交叉，由山东、海口、河北、山西方面运往东北的农产品在该区域内相互交织，导致运输量巨大，沿线各收费站的检测工作量繁重。在鲜活农产品运输的旺季，绿色通道不再畅通无阻，拥堵现象常见，对于鲜活农产品"时间就是生命"的特点，给托运方和承运方造成的损失较大，承运者和公路运营工作人员在各自的压力下，矛盾冲突更为显著。此算例探讨了多式联运的可能方案，针对山东区域的鲜活农产品产量巨大，有着大规模外运的需求，可以充分地利用双方环渤海的区位优势，大力发展港口的多式联运配套建设，如港口通铁路的建设，果蔬专业集装箱和冷藏集装箱的配备，使该区域内的运输量从绿色通道网络中分流，减轻绿色通道网络的压力，提高绿色通道的畅通性，也是农产品运输市场调整结构，朝向可持续发展方向的途径之一。

第七章　多式联运系统与地区经济
协同发展策略

多式联运系统集成各种运输方式完成区域经济发展整个过程中发生的人与货物的空间位移，人与货物的位移是经济要素在空间流动的载体。多式联运系统作用于地区经济的发展演变，是各种经济活动诱发产生的经济物理活动。本书在前几章阐述了构建一个高效的多式联运系统，并对其做出评价。那么，在此基础上，需要我们进一步思考的问题是：多式联运系统对地区经济的作用如何体现？造成这种现象的原因又是什么？本章将对上述现象进行讨论。

第一节　多式联运系统对地区经济的影响机制

多式联运系统对地区经济的影响主要表现在可通过溢出效应等作用实现经济聚集，使当地经济实现高水平增长。多式联运系统的这种独特性质，决定了运输体系的改善对整个区域经济产生正向作用，利于产业结构①进一步优化，促进当地经济持续增长。

一　多式联运系统对地区经济的影响

多式联运系统由不同运输方式共同构成，是国民经济中的重要基础设施组织。多式联运系统通过互相配合的形式共同构成交通循环系

---

① 产业结构按照社会生产活动划分为第一产业、第二产业和第三产业。第一产业指农业，第二产业指工业，第三产业包括流通和服务，如交通运输、仓储通信、餐饮服务、批发零售等。

统，给当地经济发展奠定基础，有利于实现资源在不同部门的调动。交通运输发展的水平是政府非常关注的一个要素，更是政府在调控宏观经济时的关键手段，为了保证现代社会经济有序运行，必须要正确看待当地的交通运输条件。

（一）多式联运系统对地区经济总量的促进

地区性经济理论认为，第一、第二产业在促进当地经济发展中发挥着重要作用，尤其在商品集散及加工占领导地位的地区更能发挥作用。这主要是因为这些地区交通网络十分发达，基础设施比较完善。地区经济中心经过长时间的自我完善，已经初步形成了一定规模，整个地区变成了一个完善的商品流通整体。因此，多式联运系统有利于在当地形成辐射范围广、高效方便的运输流通网络，促进当地经济协同性总体式发展。

1. 多式联运系统对区域经济总量的直接促进作用

加大对交通运输基础设施投资，提高交通运输量，有利于实现当地经济发展，主要表现在以下几方面：建设多式联运基础设施的同时，进一步优化了当地交通条件，缓解了当地的交通运输压力，可以降低运输成本，给当地政府带来更多收入，有利于提高产品进入市场的竞争力，最终让整个地区经济总量不断提高。

2. 多式联运系统对地区经济总量的间接促进作用

多式联运系统对地区经济总量起到的作用主要体现在有助于促进交通基础设施建设连锁性效果、不同产业关联效果的发挥。随着交通基础设施日益趋于发达，加深了人们对各类生产要素的需求。政府加大对交通基础设施的投资，能够促进商品、人员等要素的有效流通，让新的生产要素①进入生产要素匮乏地区，带动当地经济发展，促进产业升级和产业重组。先进生产要素的融入有利于拉动相关行业发展，促进当地经济增长，对当地经济的发展有极大的正导向作用。比如新知识、新技术往往诞生于空间中的一个小点，但是可以通过交通

---

① 生产要素，指进行社会生产经营活动所需要的各种资源，是国民经济得以顺利运行的基本条件。

运输，将这种新知识运输到其他地区，供当地技术专家们研究，让当地技术专家们学习这种新知识及其蕴含的新技术，并在当地进行推广。多式联运系统的推行有利于提高知识与技术的传播速度，形成经济外溢效应。这将非常有利于实现产业的重新布局，最终让高品质交通基础设施发展变得日益完善。

（二）多式联运系统对市场和结构的优化

随着市场趋于一体化，多式联运系统的作用也越来越明显。综合交通运输网络的存在有利于打破不同地区之间物质交流、资源交流的限制，也有利于实现不同地区的优劣势互补，从而使资源重新整合，实现不同地区协调发展。一个地区的多式联运系统越发达，说明这个地区和其他地区的交流能力越强。如果某个地区因为技术进步，导致产品单位边际效用发生改变，将会导致市场吞噬现象发生。这类现象的发生会造成周边地区的行业技术水平大幅改变，低经济技术水平的市场将逐渐萎缩，整个产业趋向于更高层次。但是，若当地的交通体系落后，将会导致市场吞噬现象无法发挥出应有的作用，最终导致统一的市场格局无法形成。多式联运系统的存在有利于提高区域和区域之间的物质流通，也有利于降低交通成本，最终让当地经济趋于一体化。

地区产业结构优化指的是使一个地区的第一、第二、第三产业处于最佳比例，并且让这些产业往更高产业水平发展。随着市场格局逐渐趋于稳定，将会产生优胜劣汰机制，一些产业的融合会推动市场趋于一体化、产业的规模化的实现。同时，也有利于产业结构发生大幅调整，并且趋于合理结构，为当地居民生活水平的提高带来更多好处。

（三）多式联运系统对地区经济生产力的影响

随着交通工具质量提升，对当地生产力产生了积极影响，生产某种商品需要的社会必要劳动时间降低，不同地区的贸易来往增加，因此运输系统的发展有利于改善整个生产力的空间布局。

多式联运系统的逐渐完善是为了促进不同物质在不同空间内发生位移，从而实现经济要素在空间布局上的合理性，保证经济活动能稳定运行。本质上是让多种经济要素在不同空间区域内重新分配，让缺乏某种生产要素的地域获得补充的过程，在这个过程中，交通运输系统尤其是多式联运的完善发挥了关键性作用。

生产力布局具有多个层次，它是一个多维系统。多式联运系统对一个地区的影响力主要体现在对当地的产业布局重新优化，对当地的城镇布局重新调整等方面。因为市场上出现了各式各样的交通运输方式，这些交通运输方式的出现，改变了当地的运输条件，也有效增加了当地农产品的生产能力和当地居民的消费能力。一般来说，生产地和消费地之间存在地理距离，有了交通工具，地理距离的长度能够被缩短。如果某种生产要素投放到其他地区能获得更高经济效益，将会驱使人们将生产要素运送到指定地区，以期获取更高收入，从而形成新的区域产业格局。多式联运系统势必在这种环境中发挥出关键作用，它的存在有利于改变当地的空间形态。

二 多式联运系统对地区经济的作用机制

多式联运系统对当地的影响之所以如此剧烈，主要是因为交通运输方式自身特点所导致的。不同的交通运输方式具有不同的特点，都有各自的适应范围。不同交通运输方式对当地经济影响的差异各不相同，导致这些交通运输方式综合起来对当地经济演化产生了影响。多式联运系统有利于实现资源配置，让当地的资源更加优化，让经济发展不再受到行政区域限制，并且可以收集社会环境中需要的资源，让多式联运系统获得更广阔的发展空间。本书认为，从多式联运系统的视角看，地区经济演化的最本质原因是因为这类系统能够通过各种运输模式，有效连接其他组织，产生出一种张力，改变并影响当地的空间格局，最终对当地区域经济产生影响。

由前述可知，多式联运系统由多种运输方式构成，它可以影响当地经济发展。因此，多式联运系统与区域经济之间是一种互为因果的关系。系统动力学能够很好地体现出多式联运系统的影响因素，多式联运系统受到多种外界环境影响，这些影响因素主要为几个变量。一是主要状态变量，当地人口数量、需要运送的货物数量、当地的经济发达程度、交通基础设施建设程度、当地居民的消费能力等；二是主要速率变量，当地年均就业人数增加数目、当地运输资源和经济增长情况、生产总值变化情况、交通消费水平变化情况、人口数量变化情况等；三是辅助变量，当地运输资源是否匮乏、客货运输的需求和供给是否相适应。多式联运系统对区域经济造成的影响体现在很多领域，这些变化组成为多条传导变量，不同的变量均对地区经济产生影响。就多式联运系统的要素分析，这类系统大部分由基本要素和延伸要素这两个要素构成。基本要素对当地的经济影响最为显著，比如说当地交通建设情况，当地的交通运输效率等，下面我们分别对这几个因素对于当地经济的作用机制进行分析。

（一）基础设施投资的作用机制

一个地区的交通基础设施建设水平，直接影响到当地居民的生活质量。交通基础设施建设水平包含公路建设水平、铁路建设水平、航运建设水平等，是保证多式联运系统中各种运输方式正常运行所需要的基础性条件和设备。所谓交通基础设施，指的是当地的交通道路和各个服务区建设水平，不包含运输车辆与运输货物。

1. 交通基础设施投资对地区经济宏观层面的作用

一般来说，一个地区的交通基础设施越发达，对经济发展的促进作用也就越明显，但是交通基础设施建设往往不会直接影响到当地经济，而是间接影响当地的经济发展水平。不同地区的交通基础设施发展水平具有差异性，世界银行对此表示，一般而言，一个地区的运输业增加值在整个经济环境中占到 GDP 的 3%—5%。学者对交通基础设施和经济发达程度之间的关系建立了诸多数学模型，结果发现一个地区的交通基础设施与当地的经济增长有很大关系，而交通基础设施产出弹性水平一般维持在 0.02—0.9。

通过比较不同地区的经济发展水平差异我们可以看出，交通基础设施发达程度对中等发达地区影响最大，如果加大对中等发达地区的交通基础设施投入，将有利于获得更多回报。我国现在经济正处于高速发展期，如果增加对交通基础设施的投入，将有利于我国获得更高回报、改变当前我国的区域经济格局。不过由于这些区域的经济增长速度彼此存在出入，得到的回报率不同，产生的效果也略有不同。

（1）各地区投资交通基础设施的经济回馈各有不同。投资交通基础设施得到的回报会因为地区发展水平的不同而略有不同，主要是因为在这些不同地区中，交通基础设施起到的作用不同，得到的回报也有很大差距，与人均的联系也很大。

（2）建设交通基础设施，有利于提高经济发展速度。随着交通基础设施的不断完善，不仅有利于改善当地交通环境，而且还有利于降低在交通成本上的花费，提高整体的经济发展速度。发达的交通设施有利于提高当地运输效率，让商品从一个地点运输到另一个地点的速度加快，拉近地区和地区的距离，从而扩大贸易规模。

（3）推动城镇化发展步伐，实现城市和农村协调发展。交通是城市的生命线，完善的交通基础设施有利于改善当地的交通条件，促进地区和地区之间的交流，带动城市的辐射效应，缩小城市和乡村差距。可以将农村生产的农产品快速运输到城市中，让农产品能快速销售给城市消费者。同时，也有利于农村劳动力进入城市工作，实现城乡一体化，完善的交通设施还有利于各个生产要素在不同的空间区域内达到平衡。

2. 交通基础设施投资对地区经济微观层面的作用

交通基础设施具有网络性。增加对交通基础设施的投入，将会影响到各个交通节点的联系，也会影响到不同地区的资本、劳动等的流动。交通基础设施可以发挥对当地经济的微观调控作用，带动当地经济发展。当前我国对交通基础设施的投资大多是国有投资，投资不均衡一定程度上影响了交通基础设施的发展内驱力，影响了交通基础设施走向多元化。投资者的"博弈"① 行为会影响到地区经济在微观层面上的不断演化。如果国家对交通基础设施的投资环境敞开更大空间，将会有利于多种经济成分在市场中公平竞争，有利于限制投资者对某种产品的盲目投资，降低对资本的浪费。随着交通基础设施的不断完善，将会推动地区经济向最佳效率前进，最终达到帕累托最优。

---

① 博弈理论（Game Theory），是运筹学的分支，广泛应用于生物、计算机、军事、经济学等领域。目前，是经济学领域中最重要的分析工具之一。

随着交通基础设施的日益完善，政府对交通基础设施的影响力较大，企业多种经济活动也会影响到交通运输成本的变动，从而形成有序的关联机制，而区位交通可达性直接影响了转接活动。

（二）运输可达性的作用机制

1959 年，汉森提出了可达性的概念，他认为可达性是处于交通网络中的不同节点发生相互作用的概率。在多式联运理论中，可达性的概念已经得到了各位学者的公认。但是，因为可达性的概念十分抽象，导致不同学者对这一概念存在不同看法。本书认为，可达性指的是当地的公路、铁路等运输模式满足当地经济发展需要的程度，或者是当地交通运输条件满足个体需要的程度。

1. 交通可达性通过影响企业运输成本作用于地区经济

一般来说，两个地区的交通距离越长，进行交通运输所花费的成本代价也就越高。假如需求方面前出现不同交通运输方式时，对需求方而言，交通可达性的主要区别在于成本差异。因为市场上还存在知识溢出效应，因此企业和企业之间彼此存在吸引力，而因为竞争的存在，导致企业和企业之间不能完全靠拢。企业希望能达到利益最大化，这就促使企业希望能够和与它有密切合作关系的企业聚集在一起，从而产生了重叠市场域，也就是区域空间聚集。企业的这种聚集效应直接影响了企业的运输成本，最终影响了整个市场的产业格局。因此，从这个角度看，虽然企业和企业之间的空间距离不会影响到整个地区的区域经济格局，但是若企业的空间距离都发生变化，必然会导致整个地区的区域经济格局发生巨大改变。交通可达性就是通过上述作用，影响当地的经济。

2. 交通可达性通过影响产业空间集聚形态作用于地区经济

随着世界渐渐走向全球化，不同生产要素彼此能够高效率完成配置。因此一个地区的交通可达性，会直接影响当地的区域关系，影响当地产业的关联程度，还会影响着当地的产业竞争关系。国家的经济发展要看当地交通运输体系发达程度，而多式联运系统是否发达影响着当地的交通可达性。如果当地的多式联运系统发达，势必会帮助企业克服生产发展过程中遇到的困难，进一步优化产业空间布局。

第一，交通可达性拉动实物资源和人力资源的空间集聚。随着经济的快速发展，交通可达性可以用来评估当地的交通网络质量，对优化区域经济发展，改变当地的经济发展格局起到关键效果。一个地区拥有便利的交通，能够帮助当地吸引更多实物资源。比如，会有利于该地区获取原材料，或者是将该地区的农产品运输到其他地区。发达的交通也有利于吸引投资者来到该地区投资，提高当地的经济发展速度。便利的交通还有利于吸引人才前往该地区扎根落户，为当地的经济发展贡献力量。罗斯（1997）在研究中发现，如果一个地区的公共交通覆盖率增长，当地的居住人口也将会相应增长。

第二，交通可达性有利于改变当地经济格局。一个地区的地理位置很大程度上决定了该地区的发展机会，随着交通运输业的不断发展，可以通过优化一个地区的可达性，让当地的经济区位得到进一步优化。整体来说，交通可达性越好，其经济优势就越明显，经济发展潜力也就越高。优越的地理位置优势，往往能转变为交通优势，因此交通优势越好的地区能够凭借这一要素发展起来。例如，北京、上海等地区都是因为处于交通要道，能够快速发展起来。天津因为与北京地区接壤，同时也是山西省煤炭运输的重要转运点，因此天津省利用其独特的交通优势迅速发展起来。河北省的地理位置也有很大优势，它是海陆交通枢纽，跟我国的三大港口接壤。随着高速公路快速发展，铁路运输也日益成熟，导致整个河北省的交通运输网络也越来越成熟，交通可达性得到了大幅提高。

第三，提高交通可达性，有利于降低运输成本。基础设施的不断完善，能够改善交通条件，也有利于提高交通可达性，还有利于生产要素快速到达指定区域。理想的交通环境能让产品的市场范围得到进一步扩展，将产品销售到更广泛区域。随着区域经济优势不断提高，将有利于提高不同区域的产业分工，使各个区域的支柱产业得到进一步强化，产业链的辐射范围进一步加大。与此同时，会额外催生出其他与交通有关的产业，比如物流产业等，让当地的产业布局趋于合理。

3. 交通可达性通过推动产业要素扩散作用于地区经济

第一，影响交通廊道，实现产业结构调整。交通廊道的逐渐成熟，有利于该地区产生集聚效应，让当地的影响力不断增加。当区域经济发展到一定规模之后，还会影响到邻近地区，使当地的交通线路变得更发达，围绕沿交通廊道形成了特殊的经济带。随着交通可达性的不断加强，交通廊道起到的辐射作用也变得越来越明显。但是，这种辐射作用不是无限增强的，随着距离扩大，影响能力将会降低。只要在交通廊道的辐射范围覆盖下，交通可达性都会对当地的产业格局产生影响，让其产业的现代化水平得到大幅度提高。第二，交通可达性还会影响到产业要素分布合理性，有利于让当地交通网络变得更密集，实现城市和城市、地区和地区的有效对接，让当地的交通环境变得越来越理想。随着生产要素不断向城市中涌入，当地的竞争优势变得越来越明显，最终形成完善的空间格局。

4. 交通可达性通过的城市空间格局演变作用于地区经济

第一，交通可达性将让城市空间格局成为点轴形态。随着城市空间格局不断完善，当地的产业地域分布情况也在不断发生变化。在这个过程中起主要作用的依然是交通可达性。通过影响不同组成要素在空间上的布局分布，最终影响到交通可达性。对于城市格局来说，企业是点，交通线路则是连接各个节点的轴，通过各个点和轴的绘制，表现在地图中就构成了整个城市的空间格局。城市发展依赖于交通，交通发展又形成了城市。随着交通的不断发展，人力流、物流等有效连通起来，在城市中发挥着重要作用。有了这些生产要素的流动，就需要与之匹配的交通相适应。随着城市的不断发展，对交通质量和交通安全提出了更高要求，也希望能够以更低廉的成本完成交通运输。随着城市规模不断扩张，运输线路在地域范围内不断往前演进。可以说，城市发展和交通可达性之间具有很深的联系，城市发展使交通可达性得到了提高，而交通可达性的发展也使城市规模不断扩张，城市人口数量越来越多，大量生产资源聚集在了城市。这样反反复复，最终构成了建立在交通走廊基础上的经济发展轴，这就是我们常说的城市点轴格局。第二，城市发展需要依靠交通可达性提供动力。在促进城市发展的诸多要素中，交通可达性占据了重要比例。随着经济水平进一步提升，资源不仅为国内企业所用，更为国际企业所用，资源在不同城市有序流动，降低了城市发展的制约作用。交通可达性决定着资源流动速度，影响着城市发展速度，更影响着城市和城市的联系。通过对城市发展的轨迹分析我们可以看出，交通枢纽①旁最易产生城市。很多古代城市都起源于河流沿岸，原因是这些河流沿岸的城市往往意味着水路交通发达，能够实现货物的快速运转。而现代社会中，铁路运输取代水路运输成为运输方式的主流，是否居住在铁路运输枢纽附近，成为当地能否成为城市的重要要素，依靠水路运输发展起来的城市渐渐衰落。城市发展需要资源，有些产业对资源的需求较大，使公路运输和铁路运输快速崛起。从运输网络来看，公路运输、铁路运输、水路运输等共同组成了多式联运系统，通过这种合作式的交通运输方式运输原材料和产品有利于降低运输成本，也有利于提高商品从发货人手中到收货人手中的运输效率。因此，交通可达性在区域经济一体化和区域空间格局的演化过程中起到重要的引导作用，一个地区的交通通达程度影响了当地的辐射效应。

（三）运输效率的作用机制

效率被认为是有效输出量对输入量的比率。这一概念不仅应用在物理学领域，还被应用在经济学领域，一个人在单位时间内做的工作越多，效率产出就越高。效率体现的是商品投入和商品产出之比，但是对于交通运输领域来说，运输效率体现的是对一个地区交通资源的投入和交通资源的产出之比。第一，运输效率体现了当地交通资源分布是否合理。交通运输资源分配是否合理直接影响了当地的经济发展速度，运输资源在不同部门的分配状态，是多式联运效率能否提升的关键。对于某个地区来说，如果当地拥有很多运输资源，那么投资资金用来建设当地的交通设施，将会获得更多产出，当地的交通运输效率将会得到提高。但是现实情况表示，作为一个地区的交通运输业投

---

① 交通枢纽是连接多种运输方式的交会点，可以负担直达、中转、城市对外等业务功能。往往形成于一些大城市、经济中心城市以及沿海、沿河城市。

入的资金往往由国家决定，那么对该地区的运输资源投入越多，并不意味着产出越多，因为当投入的资源达到一定限度的时候，将不会获得与之相匹配的产出。第二，运输效率还体现了运输资源在某个区域的分布情况。一般来说，多式联运系统效率取决于两个因素：一是学术资源的分配情况，二是运输体系对资源的利用情况。一个地区的组织管理能力、交通管理能力等，都会影响到当地企业的交通资源利用能力。若是投资的总资源一致，管理水平不同，得到的产出也有差异。

1. 运输效率影响地区产业空间布局

在地区经济中各种产业及其内部各部门在一个区域内的分布以及组合情况，就是地区产业空间布局情况。是对各种产业空间布局、结构与产业间量的一种比例分布的展现。在地区产业空间布局方面，运输效率有着不容忽视的作用，直接影响具体的地区产业分布状况。运输费用的差异会给产业空间布局带来直接影响。一般而言，不同产业产品的差异，运输费用会有一定的区别。运输费用较高的产品，交通运输就会对其有较大影响。例如，在港口以及铁路交通枢纽周边，往往是一些重型原材料工业，因为其运输更便利一些；而一些新兴工业所需要的产品，由于其相对较轻、小、短等，所以可以应用航空运输来进行，也就形成了临空型的新型工业区。即运输方式的具体运输效率，会直接影响产业布局。像制造业在发展的过程中往往需要很多的原料以及燃料等，这些都是有较高运输费用要求的，所以在产业空间布局方面就会对运输给予较多的关注，尤其是钢铁、建材等。而一些新兴的高新技术产业，对其布局带来影响的因素不能单纯地考虑运输费用，而是应当对运输速度、安全等给予关注。不仅要对原材料以及产品的运输给予关注，同时还应当对相关信息的交流以及传递给予重视。所以，即便高新技术产品在运输方面费用并不是很高，但是，由于其对运输的要求更高，所以通常会选择在高速公路沿线、国际机场等周边建设发展。由于运输方式的效率差异，使各个地区对不同产业的吸引力有较大的差异，导致地区产业空间布局的变动。

2. 产业结构升级离不开运输效率的支撑

产业结构从低级向高级形态的转变过程，就是其结构升级的过程。进行产业结构升级关键是要促使各产业之间的比例关系更加合理，以此为根基来探索产业未来的发展方向，使其可以向着更高层次进行转变，更加规范、高效、合理。在外来投资吸引方面，所表现出来的规律如下：第一，非制造业投资占比较多；第二，制造业投资比重增加较快；第三，服务业投资有所增多。对区域外来直接投资产业结构而言，运输效率也有着直接影响。运输体系还在初级发展的状态时，运输效率较低、成本较高，只能吸引一些技术含量低且有较大污染的制造工业。但在运输发展以及改进的过程中，运输效率提升、运输服务质量更高，运输变得更加便利，就可以进一步促进生产力提升以及产品流动，进而促使产业之间的资源配置，使产业结构得到进一步的优化。这是因为：一方面，将过去由于距离问题无法合作的企业连接起来，使供应链合作伙伴选择范围进一步拓宽，不但带来聚集效应，规模经济的效果也很突出；另一方面，促使运输变得更加安全、快速，这使深度加工业以及服务业对运输的要求得到满足，从而进一步促使区域产业结构升级。

3. 运输效率影响地区经济

地区经济要素在一个范围内相对区位关系以及分布形式，实际上就是地区经济。这是在经济长期发展的过程中，人类经济活动以及区位选择所导致的。在经济空间格局的变动中，交通运输有着不容忽视的作用，其具体作用表现为阶段性的特征。不同发展时期的地区经济形式有很大差异：处于早期阶段，区域空间中港口、铁路等枢纽因为交通比较便利，吸引了很多经济活动，构成了区域经济发展增长级。而发展到初级阶段，交通运输自身就是沿线上各类经济活动的关键联系，各种经济要素会在交通线的周边进行扩散，形成以交通主干线为支撑，并将人口、产业、物流等结合在一起的线状空间，也即形成了交通经济带。而在交通以及经济持续进步与发展的过程中，地域空间格局也会发生改变，这是由于对运输提出了新要求，地域经济水平进一步提升导致的。在这种情况下，会形成一个层次清晰、彼此作用的区域，其运输效率是随着运输发展水平而提升的。从规模经济以及集聚经济中将会得到更多的收益，以促使其在市场中有更强的竞争力。交通运输与其他产业之间表现出一种联系与成熟效应，这使其分布集聚受到进一步影响，有关的企业会在本地区落户以及发展，进而增加本地的人口数量，促使行业的发展速度提升。这样的效应会持续下去，进而使整个区域经济都得到更好的发展。

就当前国内地区分布在运输效率影响下的分布情况看，不管是旅客运输还是货物运输都有严重不均衡的问题。中东部地区是客货运总量都较大的地区，而西部地区，像宁夏、内蒙古、西藏等其运输发展就较为落后。说明运输效率与地区经济发展之间也有着密不可分的联系，运输量越大，运输的效率也会越高，会给经济发展带来较大的推动作用，以促使经济发展的整体水平进一步提升。整体来说，交通运输发展较好、基础设施完善、运输效率高，就会使其周边经济发展得到进一步的推动，也可以促使周边区域市场的联系更加紧密。同时人、物以及资金等也会在交通运输的影响下逐步向周边地区进一步扩散，使城镇的发展进入一个崭新的阶段，进一步促使城市化进程的推进。各种经济发展的要素也会逐步向着交通干线地区聚集，并形成以交通干线为核心的经济集聚带。

第二节 多式联运系统对地区经济塑造的动力机制

在系统演变以及发展中，动力与机制都是必不可少的一部分。事物发展离不开动力的支撑，同时，在系统内部要素以及组织部分进行联系以及作用的重点是机制，实际上是促进、维持以及制约系统运行的工作方式。在诸多经济系统中，多式联运十分典型，在地区经济塑造方面，这种系统是诸多动力共同作用的结果，所以在对多式联运系统对地区经济塑造的动力机制探究中，需要从对动力渠道的分析开始。

一 多式联运系统对地区经济塑造的动力渠道

多式联运系统对地区经济塑造的动力主要表现在可促使多式联运系统中的要素流动自如，并通过各种运输方式与各节点之间的有机联结构成空间布局。由于具体空间尺度方面的差异，多式联运系统对地区经济塑造主要是通过区内渠道与区际渠道展开。前者还包括环城网络、区内双核式以及区内网络式渠道三种；而后者有两类，分别为区际双核式与区际网络式渠道。

（一）区内渠道

1. 环城网络渠道

此种渠道是以区域内核心城市为核心展开，与市区、近远郊和周边市县等构成环城网络渠道，对城市特别是城市核心地区与周边地区的交通运输提供了巨大便利，对路过境内的交通也有一定的促进以及缓解。像绕城高速公路，实际上就是环城网络渠道，通过和城市中的运输线路联系在一起，构成了一种圈层结构。

2. 区内双核城市渠道

此种渠道将区内两个中心城市作为节点，形成一个由两种或多种运输方式为主的运输主干线，这个线路并非单纯串联而成的，还通过并联等形成一种全面的网络模式，使交通运输可以变得更加方便、高效。具体针对本区域以及核心城市之间的交通运输，此种渠道能够促使区域内重要城市变成经济发展走廊，使渠道内大小城市之间的联系更加紧密，进而使城市体系模式逐步向着哑铃型转变。由于不同运输方式路径以及其节点连接都有一定的差异，因此多式联运系统对区域内双核式城市的动力作用也表现为多种不同形式。

3. 区内网络式渠道

这种渠道是指在区域经济发展的影响下，本区域的核心城市不断增多，各种运输方式以及路线促使不同核心城市之间的联系更加紧密，并构成了区域网络式多式联运系统。各种要素沿多式联运系统流动，从而形成区内网络式动力作用渠道。

（二）区际渠道

这是建立在不同区域大城市之间的通道，重点是通过各种运输方式将两个区域联系在一起，属于大型作用通道。这种渠道使城市区联系在一起，也使其沿线很多大城市联系在一起。在多式联运网络中，这是主体架构的关键构成，使区际间、社会经济联系等都更加紧密，满足其在运输方面的需求，在国家经济整体发展中发挥着不容小觑的作用。由于运输方式、路径或者是路径以及节点之间的连接方法有所差异，因此还可分为以下两类：

1. 区际双核式渠道

这是在两个经济区域的城市之间形成的，在运输方式、连接方法等方面都有所不同，进而产生动力作用。具体包括区际双核串联式渠道、区际双核并联式渠道和区际双核混联式渠道。

2. 区际网络式渠道

受到多式联运体系的构建，地区经济的发展也进入一个崭新阶段，地区城市也开始向着城市群的方向发展。受到运输体系的影响，会促使区际核心城市彼此的联系更加紧密，不同运输方式在区域内相互融合并建立了区域多式联运系统。同时，在区际方面也实现了运输方式彼此互补。这种情况下，地区内的动力作用渠道会成为区际大渠道的子渠道，以此为根基会促使区际网络式渠道的形成。

在城市化进程推进的影响下，城市和周边的关系也越发紧密，原来的网格状在动力作用渠道的影响下也变得突出，城市发展进入了城市群的发展模式中。这样的发展模式使城市之间的通道向着立体化方向转变，作用渠道也开始向立体方向变动。

二 多式联运系统对地区经济塑造的动力机制

多式联运系统对地区经济塑造的动力机制可以分为动力生成机制和动力传导机制两个阶段。

（一）多式联运系统对地区经济的动力生成机制

多式联运系统对地区经济塑造的动力生成机制分为两部分：一部分是动力的名部生成机制；另一部分是内部的动力生成机制。

1. 动力的外部生成机制

多式联运系统内各种运输方式的技术发展变化情况，影响着一体化技术基础外部生成机制。从整体来看，随着技术的不断提高，多式联运系统内部不同运输方式间、各运输方式内的协调和整合更容易实现，推动了多式联运系统发展。

2. 动力的内部生成机制

第一，多式联运系统协调发展。多式联运系统的协调发展主要表现形式为系统内外部的协调性发展，比如投入—产出关系的协调等。据此，多式联运系统的协调发展表现为多式联运系统内部各个子系统、子系统的各个要素互相扶持、互相促进、最终完成多式联运系统的有序性转变。要达到这种局面，必须实现多式联运系统内部协调发展。第二，多式联运系统结构优化。随着交通系统结构日益趋于优化，需要改变原来不合理的交通运输结构，让系统的各个要素相协调。多式联运系统内部各结构要素的相互作用在不同阶段存在差异，会促使系统内部的组合排序趋于优化。对多式联运系统进行优化，还体现在对系统结构演变的优化，让系统能够从低水平转向高水平，实现优化发展。

（二）多式联运系统对地区经济的动力传导机制

多式联运系统对地区经济塑造的动力传导机制还体现在紧密连接的两个动力传导过程中，提高区域可达性有利于促进各个要素的流动。

1. 区域可达性对要素空间流动的动力传导机制

区域可达性对要素空间流动的动力传导机制通过两种机制产生作用：一是时空收缩机制。随着多式联运系统的完善，能够促进生产要素流动，让铁路、公路等用最快的速度有效连接起来，原本地理位置相距较远的城市分割格局被打破。在道路附近设立城市的概率也大大增加，因而区域可达性造成的时空收缩机制有利于各种生产要素的快速流动。二是空间叠加机制。在多式联运系统中，交通运输系统属于基础设施，对交通基础设施进行改善会带来成倍效果。网络系统越发达，各个交通线路也就越紧密，越容易让当前封闭的经济格局变得开放，增强空间叠加效应，最大限度发挥城市的地理位置优势。

2. 要素空间运动的动力传导机制

要素空间运动的动力传导机制体现为两方面：一是要素集聚效应

的强大吸引力。一个地区的区域可达性越好，说明当地的交通基础条件越强，越容易源源不断地吸引生产要素聚集起来，发挥城市的聚集效应。随着聚集效应增长，各种生产要素被带动到该区域中，成为促进当地经济发展的直接动力。二是要素空间运动有利于推动地区经济廊道诞生。随着要素空间不断聚集，有利于促进交通走廊的形成，提高不同区域的联系，给核心和外围区域的互动创造了条件，最终有利于形成地区经济走廊。

综上所述，多式联运系统对地区经济塑造的动力机制由多种因素组成，可以将其分为两个阶段：一是动力生成机制，二是动力传导机制。前者主要来源于交通系统内部，后者作用于交通系统的外部。随着技术的发展，动力机制对当地经济的带动作用越强。多式联运系统的发展，使当地的区域可达性更高，更有利于当地变成交通经济纽带，从而产生对地区经济的塑造作用。

三 多式联运系统通道对地区经济结构的塑造

运输通道性质上属于随着交通设施不断发展所构成的交通通道，对当地经济发展起到聚集作用和扩展扩散作用，其对地区经济的塑造作用主要表现为在交通通道沿线最终形成交通经济带，逐渐改善当地经济。在多式联运系统的各主要运输方式中，最重要的运输方式是高速公路和高速铁路，而国家也非常重视扶持这两种运输方式的发展，以下内容也以这两种运输方式为例展开分析。

（一）高速公路对地区经济的塑造

多式联运系统内部不同组成部分互相补充，互相协调，最终构成了完善的多式联运系统。系统内部各个生产要素互相补充，最终成为区域和区域之间的联系手段，成为社会劳动地域分工的杠杆。交通运输在区域中的作用非常关键，与当地经济联系密切。在进行地区经济扩张的时候，交通因素是首要考虑的因素。1950 年，我国学习其他国家先进思想，开始在我国引入高速公路建设的思路。极大地带动了我国经济发展，1980 年后，高速公路建设在我国如雨后春笋般浮现了出来，改变了我国的经济格局和产业结构。

1. 高速公路影响地区经济的梯度转移

第一，高速公路的出现，带动了经济发展梯度。在高速公路周围，经济最发达的地区和经济最不发达的地区中间存在若干个层次。整体来看，与高速公路距离较近的地区，经济变化和经济格局变化越明显，随着与高速公路的距离变远，影响逐渐变弱。第二，高速公路的出现，实现了地区经济梯度转移。[①] 持有地区经济梯度转移理念的学者认为，各个地区的主导产业部门不同，梯度转移主要由生产力布局等因素决定。正处于蓬勃发展的创新阶段地区与处于衰退区的产业结构中间存在地区经济梯度。高速公路的出现有利于区域内产业部门布局发生梯度转移，使经济活动逐渐转移到低梯度地区，这一过程的动力来源于地区城市系统。自从多式联运系统出现，改变了当地的运输条件，当地的资源也产生了较大变化。随着高速公路在各个交通节点布局，原来发达的城市发展速度可能会渐渐放缓，一些新城镇出现在人们面前。信息、技术、资金涌入这些新城镇，新城镇发展起来并且向周围的乡村扩散，周而复始，最终形成了一定的产业层次。随着时间的不断推移，新兴产业部门渐渐无法满足当前我们对市场的要求，开始向更大范围扩展并且快速发展，产品在第二梯度地区已经发展成熟，开始衰退。而此时，相对落后地区对产品的需求量很大，对于他们来说，这类产品属于朝阳产业，随着高速公路的发展，将推动产品产业结构向经济发展最低梯度的地区完成转移过程。

2. 高速公路促进地区经济的辐射扩散

一个地区的经济发展，主要体现在资本、技术等领域。能够对周围地区起到辐射作用，区域经济发展带来的辐射作用主要体现在三个方面：中心城市充当的角色为辐射点、高速公路充当的角色为辐射线、周围的交通经济带等充当的角色为辐射面。

（1）点辐射。以各大城市为中心，向周围发出辐射效应，这种现象被人们称为点辐射。一般来说，中心城市相对于其他城市较为发

---

① 梯度转移理论主张优先发展经济发达地区，然后其生产要素逐渐向较发达地区和欠发达地区转移，最终会带动经济的全面繁荣。

达，这些城市对劳动力和资源的需求量较大，而周边地区可能有很多劳动力，但是经济发展水平较低。周边地区的劳动力可以补充城市对劳动力的需求，并给这些劳动力提供就业机会。点辐射必须要有良好的辐射媒介才能实现，比如交通、信息等。就交通而言，多式联运系统与地区经济协同发展要求周边落后地区建立交通体系，从而降低农村资源输出到城市的成本。

（2）线辐射。围绕铁路干线、公路干线等构成的辐射区域，被人们形象地称为辐射线。一般而言，处于辐射干线周围的城市发展水平比较高，但是距离辐射干线较远的城市发展水平较低。围绕在公路干线、铁路干线附近的城市会向远距离的城市，不断传播先进知识、先进文化，最终实现双方优势互补，带动城市和地区发展。

（3）面辐射。随着高速公路发展，通过点辐射和线辐射增加了当地农村的现代化过程，最终形成了一片经济发展水平相对其他区域较高的区域。例如，改革开放以来，我国建立了很多交通线路，这些交通线路周围形成了大量城市群，如珠江三角洲等。面辐射可以分为两种类型，一种类型为跳跃式辐射，从空间角度来看，先进地区和落后地区存在间隔。另一种类型为摊饼式辐射，从空间角度来看，先进地区和落后地区之间是连续的。上述两种模式都依赖于高速公路，后者更多靠的是短程高速公路带动发展，前者则与长距离高速公路的关系较为密切。

（二）高速铁路对地区经济的塑造

高速铁路能够实现货物和乘客短时间内在不同地区的转运，被学者们认为是一种高性能、高舒适度的运输方式。1990 年后，世界上很多国家纷纷建立了大量高速铁路，有效缓解了交通压力。2008 年，我国也出现了第一条高速铁路，自此，高速铁路如雨后春笋般不断发展，高速铁路在改善地区产业格局、促进生产要素流动中发挥了关键性作用，加大对高速铁路的投资，有利于对当地区域经济产生积极影响。

1. 高速铁路对地区交通可达性的塑造

如果空间距离是一定的，一个地区的交通运输设施越发达，则当地的交通运输效率就越高，可达性也就越高。高速铁路拥有更高速度、更高频率的发车速率，能够实现旅客在短时间内从一个地区转移到另一个地区，因此受到广大群众的欢迎。随着高速铁路的修建，有利于在特定区域内搭建完善的交通要道，大大提高生产要素的流通能力。有利于实现人力资本的快速流动、实现信息、资金等的大范围流动，让生产要素完成合理调配，在不同区域发挥重要功能。

2. 高速铁路与地区产业结构优化

自从我国开通了高速铁路，高速铁路的沿线地区聚集了大量生产要素。有高速铁路的帮助，不同区域的交流变得越来越密切，给当地经济带来了重要影响。随着高速铁路的快速发展，当地的科技水平得到大大提升，确立了第二产业的主体地位。有了高速铁路，不同区域的分工变得越来越紧密，发展水平较低的地区能够与发展水平较发达的地区合作，学习这些地区的管理经验，促进产业结构升级。首先，高速铁路的发展有利于带动当地产业结构中实现更优化发展。例如，自从日本延伸了新干线后，冈山、广岛、大分等地区快速发展起来，当地的家用电器等企业发生了巨大变化，取代了钢铁、石化等在经济中的位置，加快了日本产业结构调整的步伐。其次，自从有了高速铁路，当地的第三产业发展速度大大加快，有效地压低了企业的生产成本，拓展了企业的销售区域，大大提高了企业的竞争实力。第三，随着本地企业不断扎根聚集，拓展了本地市场。台湾交通大学对日本进行的研究发现，日本建设高速铁路有效拉动了当地的经济发展速度，带动了当地第三产业的发展速度，尤其是高速铁路建设对当地人口增加效果更明显。从法国发展高铁的经验可以看出，有部分第三产业公司常常搭乘高铁往返于多个城市，有利于这些公司进行市场调研，加强管理。

3. 高速铁路对区域经济增长的拉动效应

高速铁路对当地经济的带动作用还体现在 GDP 指标上。第一，高速铁路能够直接带动当地经济发展，但是高速铁路需要较大投资和高端先进技术。而对于高速铁路的投资越大，它对经济的贡献也就越大。蒂姆琳恩（1998）在研究中发现，高速铁路带来的经济效益远远超过高速公路，法国开设的高速铁路带来的经济利润高达15%，带来的社会经济效益在所有交通线路中占比30%；佛罗里达州也修建了高速铁路，该铁路迄今为止已经运营了39年，给当地人们带来了174800个全职岗位，发放了6.04亿美元工资。日本修建的高速铁路每年能帮助2亿人完成转运，给日本增加了50万个就业岗位。第二，除了自身带动作用外，高速铁路还具有前向与后向效应。因为自身特点的原因，其波及效应很复杂，覆盖范围也很广泛。修建普通铁路远远无法达到修建高速铁路起到的带动效果。

4. 高速铁路对沿线城市空间相互作用的影响

修建高速铁路能够实现不同城市劳动力转移、人口转移、信息流动。通过这种空间相互作用，有利于加强不同城市的联系，让城市获得更多发展机会，促进这些城市生产要素的流动，实现更好发展。修建高速铁路能够缩短人们在不同城市的通行时间，也有利于加快人力资源要素流动速度，还能够大大提高客货运输能力，让不同城市的生产要素频繁互动，发挥不同城市生产要素的互补性，最大限度发挥空间相互作用，实现城市高速发展。

第三节　多式联运与地区经济协同发展策略

当前我国遇到的国际形势变得越来越严峻，交通运输业已经成为带动地区经济发展的关键。一个国家的铁路运输线路越发达，说明这个国家的竞争实力越强。在当前资源紧缺的环境下，交通运输行业在发展的时候必须要立足现在、放眼未来，不仅要满足当前人们的运输需求，还要满足未来的交通运输需求，让交通运输网高层次发展。在发展交通运输的时候，还要综合考虑资源环境承载力，最终引导该地区走向成熟，这是多式联运系统的未来，更是地区经济发展的未来。

自从"十二五"规划完成后，我国正处于经济快速增长、格局不断改变的关键时期，进入多种运输方式快速发展时期。在这个时期，多式联运系统正面临着严峻挑战，必须要大力推行综合运输发展战略，引导运输方式发生改变，向更高层次推进，实现一体化。建立起与当地经济相适应的多式联运系统框架，这是我国对交通运输的最基本要求，本节立足于我国国情，提出了适合我国的多式联运系统与地区经济协调优化发展的方法和战略计划。

一　协调优化发展的指导思想和战略方案

（一）指导原则

改革开放以后，中国的货运业取得了长足发展，对我国经济社会提供了很多帮助，成为地区经济进步的基石。从我国的历史发展来看，1970 年到 1980 年，我国的各项发展都在快速进行当中，向着城市化的方向发展的同时，也开始进行全球化的拓展，设立了比较科学的物流和客运系统。为使多式联运系统对我国经济的快速发展起到推动作用，避免地区经济的发展再受地理位置的限制，我国多式联运系统的发展应以完善交通基础设施、全面提升货运和客运的服务态度和安全保障等作为重点，多方位地加快多式联运系统与区域经济协调优化发展。

多式联运系统的建设发展过程中地区自然区域特点与人数、地区产业空间分布等势必会影响地区运输网络的空间方向更好地分布。认真研究地区客运与货运的流动需要之后，将所有运输方式组成路线的承载力与基础规划情形纳入考虑范围内，确定在多种方式共同运行的系统中各种运送方式的功能，利用信息化的手段，确保多种运输方式系统推动经济发展。以当地有限资源和能够负担的成本为基础，建设可以及时运送农产品及其他货物，居民能够便利出行，同时优化城市居民所处的社会环境的多式联运系统。

（二）战略方案

依据多式联运系统的自身特点，将各地区经济发展的现状和各地区形势的变化结合到一起进行分析，对战略方案的意见可以分为以下几点：

第一，适应地区经济发展需要，扩大多式联运系统规模。交通基础设施的完善程度决定着当地的资源配置，对当地的经济发展和提升地区的竞争力具有重要意义。目前，我国的基础建设虽然得到了大幅提高，但是总体水平依然不高，网络体系也并不完善，各个地区之间的运输方式所占的比例也有很大的差距。因此，我国未来的发展，依然需要增加基础设施的建设，增加其总体规模，提升其运输能力，建立一个具有强大功能的、能够满足市场需要的、为社会服务的现代化多式联运系统。

第二，优化多式联运网络结构，发挥多式联运系统优势。目前，政府正逐渐增强对各地方交通设备的注资和发展，进行整合优化，以期实现水陆空三方为一体的多式联运系统。着手构建各省市之间、各区域之间通道，增强多方联运，特别是铁路和公路的联合运输，形成高效率的、省时省力的运输系统。组建大型网络体系，航空航海系统，特殊大件物流系统以及对应的服务系统，实现水、陆、空三方的现代化，发挥多式联运系统的集成优势，更好地适应区域经济发展及空间格局演变的需要。

具体而言，我国多式联运系统的完善须以国家各项规划、纲要等为基本依据，如《国家中长期铁路规划纲要》① 等，进一步建设不同的交通运输模式的规模大小和组合方式。在公路领域，以当前的高速公路格局、国道和省道的运输格局为基本，慢慢建立完备的公路系统，提升重要道路的运载水平，使公路线路与关键交通枢纽更好地衔接。进一步建设横竖交通线路和环状道路融合的道路结构。航运方面，以带动辐射区经济水平提高为目标，完善重要港口、水运环节关键枢纽、物流基地，使港口整体竞争力得到提升，服务能力增强。建设主要线路效率高，支线通达，干线支线直通的水上运输系统。铁路方面加大新铁路线的建设，改善现有铁路网络，同时更好地与其他交通方式连接。航空方面改善运载能力分布状况，打造东部与西部链接，南方与北方畅通，区域遍布全国及邻近区域的航空线路，满足日后地区经济需要，使航空点更好地服务于每个区域。

第三，加强与地区发展的互动优化，重点建设多式联运枢纽。多

---

① 2004 年、2008 年发布和修订，目前的规划为 2016—2025 年，并对 2030 年做出展望。预期到 2030 年，基本实现互联互通、地区间、省会和各个地市、县区都能达到通畅。

式联运枢纽是连接各种交通运输的地方，既是为顾客或农产品的运输提供中转和休息的地方，也是提供发货和仓储服务的地方。多式联运枢纽的构建能够增强道路设施的使用比例，是保障各种运输设备之间能够协调统一的前提，是实现一体化的基础。多式联运枢纽的合理布局是优化多式联运系统与区域经济协同发展的重要内容，能够减少地区与地区之间资源配置的不合理性，例如，有的地区部分资源已经饱和，但有的区域资源却很匮乏，可以使地区与地区的生产要素和资源相互支援、相互补充。

多式联运交通枢纽的完善与地区经济共同发展的主要方式有：首先，立足于当地自然条件。基础配套设备的施工必须根据当地的地形地势条件进行。我国西部地势高东部地势低，多种地形交错分布，交通枢纽的建立和完善应当以各地的自然条件为基础，保护各地不同的生态特征。其次，配合整体交通线。全国范围内的交通运输布局是改善交通运输结构的基础，只有以整体结构为基础，才能确保线路整体的最优发展。建设和完善交通枢纽及运输网路需考虑不同的客运、货运量需要，从而保证整个系统的正常运行，提高每个环节的运输水平。再次，根据当地的社会经济水平及未来发展规划进行建设。地区内的经济水平与枢纽的位置不无关系，经济水平高则交通枢纽等级高。经济水平高的城市如北京，会带动整个周边地区交通枢纽的建设。最后，与周边地区相适应。多种方式运行的交通系统并非独立存在，需要与周边地区相协调。例如，山东省与四个省份相邻（河北、河南、安徽、江苏），山东要发展多种方式共同运行的运输结构必须考虑与周围四省的衔接。因而，一方面要加强山东省内的交通网络结构的建设和完善，另一方面也必须注重与相邻省份的协调和衔接，只有这样，才能使各省之间的交通更加便利，使各地区的经济互相协调共同发展，进一步推动本省经济的发展。

第四，立足地区交通的供需矛盾，提高多式联运智能化水平。一味地增加设施和服务并不能使运输需求得到满足，也无法使地区的经济发展得到实际的好处，只有提高交通运输的效率、提升服务人员的技术水平、不断更新设备、提升资源整合的能力，才可以减少空间及资源对交通运输的限制，实现跨地区运输。伴随中国地区经济日益强大的是基础设施远不能够满足迅速提升的需求，因此，提升技术创新能力，采用高科技的装备，才可能使多式联运系统发挥出最大功效，增加其效率，满足市场需求，保障系统的安全性。目前，发达国家已经从建设更多的交通基础设施或者是扩大交通规模、建设交通网络的方向转变为建设质量更优的运输系统。体现为以高科技为辅助，提升系统整合能力和智能化水平，这已成为现代多式联运系统的发展方向。铁路运输方式主要是推广电气化铁路和自动化铁路。公路主要着力于引进更舒适的客车和能够承载集装箱并快速装运的专业车辆。航空运输主要是智能系统和安全系统的应用。这些提高有利于从单纯的基础设施增长型转变为集约型，有利于运输行业的发展。以信息和系统为主，向智能型运输方式发展智慧交通是我国目前交通运输业的发展方向。发展智能化、智慧化的运输系统将会促进我国交通运输业进行资源整合，解决运输对环境造成的影响，目前是现代交通运输工作的重点。

第五，坚持地区可持续发展战略，构建环保节能型多式联运。综合运输的进步一方面促进了经济社会的发展，另一方面却侵占了许多石油化工能源，占用了许多土地资源，甚至在某些方面破坏了生态平衡。多种方式共同运输的系统建设，很大程度上推动了经济社会的进步、提高了人民生活水平。更重要的影响是，可以充分使用自然资源、保护生态环境，实现可持续地发展。中国是一个人口大国，平均每人拥有的自然资源很少，交通运输业的快速建设并不能与发达国家相提并论。对石化资源的使用仍然在上升，要使交通运输业成为我国经济社会发展的基石，必须要坚持科学发展观，注意保护生态环境，同时减少能耗。

从保护环境方面看，交通运输行业是非常消耗能源的，在资源的利用上排在制造业的后面。为响应我国低碳经济的号召，应促进能源消耗系统的建立，加大监测力度，加大低碳出行的理念。倡导人们减少不必要的能源消耗，保护环境，鼓励小排量汽车的使用，大力推行新能源汽车。政府应对此给予政策上的优惠，努力实现低排放、低污染、高效率的交通运输方法，构建节约型系统。与此同时，通过调整运输方式以及各种运输结构的布局，如地区之间的差异、城乡之间的差异等，提高交通运输能力，降低能源的不必要损耗，缩小城乡差距，整合信息网络，形成良性的可持续发展的局面。

二　多式联运系统与地区经济协同发展对策

（一）建立互动优化与协调发展的市场调控体系

交通运输对地区经济会起到基本的扶持作用，同时也是地区经济构成的一个主要分子，应该由市场经济把控其发展方向。市场经济通过价格、竞争、供求等方式对所有的资源进行调节控制和分配。市场经济之所以能够调控交通运输是因为它能够调节交通运输系统的供给与需要、影响费用的高低及各方式线路之间的竞争。市场经济能够协调地区的经济发展的需求和多式联运之间的关系，使两者能够协调发展。并且，它会促进相关主体组织增加科技创新的投入，最终反作用于运输市场，使运输系统高效运转，并且注重服务水平的提高，从而使整个社会的运输费用降低、运输质量提高。

中国的市场经济体制正在逐步建立和完善当中，对于不同地区进行资源优化起到了非常重要的调控作用。与此相对，我国的交通运输改革并不顺利，对多式联运系统的建设起到了相对负面的影响，也影响了运输的效率。具体体现在以下几个方面：首先，运输价格还没有真正实现市场化。铁路和海运的价格受国家管控，由政府统一制定。虽然航空运输是由企业自己定价，但因航空体量过大，民营企业很难有足够的资本进入该行业。航空运输的价格并没有完全体现市场的波动。公路等其他运输方式的价格也没有实现市场化。其次，交通运输业的金融市场还很封闭。基础设施需要大量的资金来进行建设，当前中国的基础设施融资还是以国家融资为主。当国家的资金投入不能支撑其需求时，应当降低行业壁垒，吸引更多的资本进入该行业当中，施行多元化的融资方式。最后，交通运输业的管理方式依然十分落后，国家的宏观调整手段非常固化。因为长期社会化的经济状态，交通运输业受政府管控。直到今天，交通运输也依然是半垄断的状态。以国有企业为主，受政府监管的交通运输企业，产权责任不明确，缺乏有效率的经营管理模式和机制。多式联运系统要想进行改革，应当首先明确负责人。要想实施市场化经营，须在肯定政府首要地位的同时，降低行业壁垒，开放多元化融资，减少进入门槛，加速改革。按照市场的规律，比如供求关系等科学发展方式，不断地增强企业在市场中的竞争力。

（二）深入推进交通运输管理体制改革

在长期的发展中，各种运输机构是由各自相对应的独立的交通部门监管，多种方式共同运行的交通运输难以形成统一的整体，且缺乏政策上的保证。多种运输方式不能够互相促进，导致效率不高、重复建设，阻碍了我国多式联运系统的进一步发展。因此，在我国目前交通运输系统的发展情况下，多式联运系统进一步发展变革应该分两步走。第一步，在充分了解国内外发展规律的基础上，建立多式联运管理体制，增加基础设施和交通枢纽。与此同时，增加对该系统及其构建的研究，并针对系统进行法律法规的理论体系及政策进行相应研究。政府应当转变发展理念，由大包大揽，转变为监督宏观调控。第二步，深化多式联运管理体制改革。多式联运系统主要由四种主要方式组成，包括公路、铁路、水路和空运。它们都由政府进行统一管理，说明国家对我国的运输实现了宏观调控和监督。但是，我国并未在各地域之间建立起合理的管理机制，即便有的省份已经有了相关管理部门进行管理，但因没有相关的法律法规，难以进行统筹规划。因而，我国要想深化体制改革，推行多式联运系统还有相当长的路要走。目前，多式联运系统应当接受国家引领、明确其主体，将各种运输方式进行有机的管理，对资源配置进行整合，形成健康有序的管理体制。

（三）强化地区间多种运输方式的共存互补

多式联运系统是地区和地区之间的沟通桥梁。多式联运系统的成熟与否决定每个地区是否有发达的交通运输业。这不仅仅会影响地区和地区之间的经济发展，也会影响地区与地区之间未来的空间演变。从多式联运系统本身看，尽管各种运输方式可以相互替换，但并不是所有的运输方式都可以相互替换。且运输方式的替换还可能造成成本增加，有些运输方式并不适用于每个地区等情况会出现。而单一的运输方式并不能满足各个地区的运输需求。仅靠单一的运输方式,会影响地区与地区之间商品的流通,也对人们的出行造成困难,降低人们对整个运输行业的评价。因而,采用多种运输方式来进行地区之间的沟通是非常有必要的,它们可以互相弥补对方的不足,只有这样才能真正建立起一个社会所需要的现代化、智能化的多式联运系统。

就我国国情来说,应在以下方面进行提高:首先,增强对普通干线的改造。就公路设施来说,应当增加干线的改造,扩宽马路,将断头路与公路网路相连。在水路运输方面,增加内河河道的疏通和清理,对其进行改造,提升其承载能力。在铁路运输方面,应重点建设一批主干线,主干线应能够承载庞大的运输量,并能够在生活中大量使用。可以建造电气化铁路以及多种路线,通过这种方式可以提升其运载能力和运行速度。在航空运输方面应对机场进行扩容,并建立完善的设施。其次,应加大主要通道的建设以及提高其服务。主要通路的建设由各种运输方式组成,这也是国家和各个区域运输网络的支柱。区际干道方面,重点是"四纵四横"① 铁路干线的建设等。就各个城市来讲,重中之重是长江三角洲、珠江三角洲等地区,城市主要通路还需要进行修缮,除此之外还有胶东半岛、长江中游等地方,这些大型和特大型城市的主要通路需要进行不断的完善。这类地区人口众多、产业发达、经济活跃,不同的地区内部与内部之间、内部与外部之间人员的流动和货物的流通上体量都非常庞大。对于交通运输业的要求也非常之高,为了满足它们的需求,应首先对其进行多式联运系统的改造,只有这样才能为地方的经济带来更多的帮助,为经济的快速发展提供有力的保障,进而促进各个产业的协同发展。

(四) 加强多式联运系统的法规制度建设

多式联运系统的几种不同运输方式涉及不同的机构、不同的企业、不同的管理部门。要想进行合理的分工,高效率、高质量地实现

---

① 四纵包括京沪、京哈、京港、杭福深铁路专用线路;四横包括沪汉蓉、徐兰、沪昆、青太专用线路。

运输任务，促进当地经济的发展，需要有合理的法律法规作为基础。构建和完善多式联运系统的法律制度有利于经济的发展，也是各个运输企业和相关管理部门能够和谐相处的保障。构建和完善信用保障制度以及相关的合作方式是实现运输服务一体化的基础。运输服务在大多数情况下都是由多种运输方式或者是多个企业合作完成的，只有极少数的中短途运输，特别是公路运输会由单个运输方式或企业完成。因大多数运输服务有跨地区和运输距离较长的特点，经常要多个地区的多种运输方式以及不同的运输企业进行合作才能完成。每一个环节都至关重要，任何一个环节在交接过程中出现了问题，都会对运输的最终效果产生影响。比如，在运输过程中，如果没有保存好货物就会影响到顾客的满意度。因而构建货运企业的信用机制和相关合作体系是非常关键的，只有这样才能保障运输过程中能够达到无缝对接。推进多式联运系统一体化标准化管理需要从服务和效率两方面着手，统一运输服务需要减少运输中浪费的时间、提高运输效率就必须进行规范化操作。多式联运系统的程序和规范应做到统一化、标准化。例如，相关收据实行标准化、货运代理商规范等。统一规范的制度可以保障全程化运输服务的整齐有序扩张，将运输工具、运输技术等进行数字化管理，货运代理商的行为规范化管理，由地区代理商向全国性的代理商、全路程的代理商发展，组建相应代理服务网络。

（五）提高交通运输从业人员的总体素质

随着多式联运系统一体化发展格局的初步形成，从事该行业的人员不断增多。因为货运可以通过多种方式进行运输，如船运、铁路和空运等，各种运输方式都有各自不同的要求。对于行业的准入门槛和人员的服务、技术水平的要求也都不相同，管理方式也不一样。因而加强对服务人员的管理，对其进行必要的培训是提高从业人员素质的方法，也是建设交通运输体系的基础。若要提高人们对现代化、智慧型多式联运系统的满意程度，加强交通运输业的发展，人是最基础也是最根本的首要因素。必须努力提高服务人员的水平，全方面地提升服务、技术和管理人员的水平，如政治觉悟和知识技能水平等。加强组织管理，加强人才的重视程度，提供可靠的培养和选拔方式，使优秀的人才可以通过自己的努力得到更多回报，才可以使更多的人愿意为服务多式联运系统的建设而做出贡献，多式联运系统的发展才会更加长久和可持续性。

第八章 结论与展望

本书的研究主要集中于三个核心部分，主要的结论与展望如下：

（一）研究结论

1. 多式联运将与绿色通道协调发展，并将成为农产品运输发展的下一阶段

农产品运输的发展经历了从"菜篮子"工程到绿色通道，再到农产品多式联运的三个发展阶段。其中，绿色通道政策的实行，对我国农产品运输市场的繁荣，对平复农产品价格的上涨，起到了重要作用。但同时也产生了诸如大量挤占收费公路，运能运量的巨大压力、经营部门管理工作的压力、公路经营部门与运输承担者之间紧张的矛盾以及其他商品运输者大量涌入鲜活农产品市场，扰乱了整个农产品的市场的健康发展等问题。农产品的多式联运出现，可以将一部分农产品公路运输分流到铁路和水路运输中去，缓解公路运营方的压力，同时也使被公路挤占的其他运输方式重新进入农产品市场，与公路运输展开竞争和合作。

从农产品的国外多式联运的发展经验和我国的多式联运发展演化历史来看，在农产品市场中，多式联运的形式不仅不会被替代，反而会与绿色通道网络中的公路运输展开竞争，表现出既竞争又合作的关系。绿色通道的发展不会与农产品多式联运相互矛盾，而是竞争和合作的关系，这是时代发展的需要，也是农产品运输市场规范化、协调化和可持续发展的需要。从国际方面看，依托"一带一路"倡议，农产品在国际多式联运的发展将是未来国家发展的重点，陆海联运将是其未来重点发展的方向。从国内方面看，公铁联运形式将起到更大作用，绿色通道作为陆地运输的构成之一，将会保障农产品从供给丰富

的东部地区运往西部，成为铁路远距离运输的坚强后盾。未来农产品的多式联运的发展，因为市场的需求和资源整合的需求，必然将成为农产品运输发展的趋势和方向。

2. 农产品多式联运系统的评价准则和综合评价指标体系的建立

针对农产品而言，经济性、敏捷性和风险控制性这三大因素综合影响了运输供需双方的最终决策。根据不同类别的农产品而言，其二级指标的权重因为农产品不同特点而表现出不同。在鲜活农产品类别中，经济性和敏捷性对运输需求方进行选择决策起到重要作用。在经济性中，运输成本成为最重要的指标，可见成本在需求方的诉求中占据重要位置，而敏捷性中的运输时间、运输距离对最终方案选择决策起到重要作用。鲜活农产品运输的几个关键指标中，对敏捷性要求最高，权重为 0.6333，其次为经济性，权重为 0.2605；最后为风险控制性，权重为 0.1062。对第二层次要素评价指标权重分别为：运输时间为 0.3529，运输距离为 0.2028，运输成本为 0.1773，货物损耗为 0.0849，运输准时率为 0.0777，运输收入为 0.0525，财务状况为 0.0307，事故赔偿为 0.0212。可知，针对鲜活类农产品运输，运输时间是最关键的指标因素。因此，按照权重，我们将运输时间、运输距离、运输成本作为一级关键指标，二级关键指标为货物损耗、运输准时率、运输收入、财务状况。

通过一级关键指标的灵敏度分析，获知铁路运输的核心服务优势体现在其运输距离指标，公路运输的核心服务优势体现在运输时间指标，水路运输的核心服务优势体现在其成本指标。公路运输企业宜大力发展其在时间方面的核心服务优势，与其他运输方式组成合作模式；铁路企业在距离方面的核心服务优势，在远距离运输过程中，通过开展公铁联运、铁水联运的方式，突出铁路的核心优势。重点打造对时间方面要求较低的农产品运输项目，加大对冷藏车厢的配备和发展，开拓冷链运输通道，扩展对鲜活农产品的运输类别。高铁的发展提供了未来发展快速运输农产品的可能，对进一步扩大铁路运输农产品的范围提供了基础，未来铁路运输农产品的服务优势还将进一步拓宽，铁路对公路的替代作用也将加大。水路在成本方面的核心服务优势使其在运输时间不敏感的农产品类别中非常突出，水路宜深入发展其长距离跨国运输，以成本优势为核心，大力开展铁海联运。在出口农产品运输中承担更重要角色。加大内河航运的发展，在沿海地区，则利用其距离优势，可加大利用水路运输农产品的比重。

3. 农产品多式联运系统综合评价模型的设计

对农产品多式联运的综合评价基于一个完整的评价指标体系，结合农产品运输的特点，通过层次分析法确定经济性、敏捷性和风险控制性为其评价判断的指标原则，在选取鲜活农产品作为研究的对象时，进一步分析二级指标，选择其关键指标确定经济性 1、经济性 2、敏捷性 1、敏捷性 2、风险控制性 5 个指标作为评价其综合运输通道水平的指标体系。依据此指标体系，形成相关定量指标。设定一个三层级的神经网络，输入神经元为 5，输出神经元为 1 的网络模型，利用混沌的遍历性特点和变尺度的结合，对人工神经网络模型进行改进，构建了变尺度混沌 – BP 网络模型。进行多次训练和学习，在较短的时间内就得到一个成熟的网络模型。通过此网络模型，对现有的 48 个可能的多式联运方案进行预测，在本例中获知第 48 个方案为最优。将改进后的神经网络训练结果与传统神经网络训练结果以及线性规划优化算法相比对，三种算法所获得的多式联运效能水平的评价最高的方案相同。改进后的神经网络在训练过程中表现出训练时间短，迭代次数少，拟合程度较高，误差较小的优势。优化的神经网络模型其实用性在实例中得以验证。同时，优化的神经网络模型还体现出较强的适应弹性，可以结合具体情境调整样本输入。具体案例中评价依据的变化可以通过调整输入神经元的数量来实现，专家和实际值的数量变化可以通过调整样本数据的输入来实现，同时调整相应的参数得到新的网络模型。因此，变尺度混沌 – BP 模型在农产品运输方案评价的实际应用中具有较强的适应性和联想能力。

（二）研究的主要创新点

本书对农产品运输模式展开系统性的研究，主要的创新点体现在如下几方面。

1. 农产品多式联运与绿色通道的关系及多式联运的发展趋势

结合分析国外农产品多式联运的发展演化和国内"一带一路"倡议的大背景，本书首次对农产品的绿色通道的发展弊端进行了系统分析，提出了农产品多式联运的发展阶段，并对2015年后农产品多式联运的发展趋势做出分析。提出在当前的发展战略下，国际方面，陆海联运将成为我国农产品多式联运的发展方向，具体表现为铁海联运、公铁海联运等形式，铁路和水路未来将会发挥更重要的作用。铁路和港口的发展将逐渐成为农产品市场上的重要力量。国内方面，公铁联运将发挥重要作用，绿色通道则成为连接东部和西部的桥梁，同时为铁路的长途运输提供保障。

2. 农产品多式联运评价准则和综合评价指标体系的提出

目前，国内关于农产品物流的评价指标体系的研究较多，但没有针对农产品运输的评价指标体系的研究，本书结合农产品在运输的特点，以及国内外的相关研究，对农产品运输的特殊要求作出分析，提出评价农产品运输系统的主要准则。具体表现为三个一级指标变量：经济性、敏捷性和风险控制性。在此基础上，对每一个变量进行界定，确定其二级指标。具体表现为经济性包括综合成本、营业收入和财务状况；敏捷性包括运输准时率、运输时间和运输距离；风险控制性包括货物损耗和事故赔偿等方面。利用层次分析法和专家法，对各级指标权重进行分析，最终确定农产品运输系统的综合评价指标体系。对权重的分析，需要对农产品的类别进行选择，本书选择鲜活农产品作为分析对象，对权重做出进一步分析，确定分析鲜活农产品多式联运系统的关键指标。运输时间、运输距离、运输成本作为一级关键指标，货物损耗、运输准时率、运输收入、财务状况作为二级关键指标。农产品多式联运的综合评价指标体系为深入研究农产品运输问题起到了基础性的作用。

3. 优化的神经网络模型的设计

由文献综述可知，国内对农产品多式联运系统方面的专门化研究寥寥无几，主要研究内容集中于对一般性运输方式选择的研究方面，缺乏相应的运输对象研究尤其是农产品运输研究，算法较多采用层次分析法和博弈论方法、遗传算法等。传统的层次分析法和博弈论、遗传算法在进行多式联运方式的综合评价时存在局限，容易陷入局部最优，无法进行更大范围的客观评价和选择。运用神经网络的方法也同样由于其基于梯度下降法而存在学习过程易陷入局部极小的缺陷。本书尝试采用变尺度混沌的方法对人工神经网络做出优化将有效避免局部最优，该算法基于运筹学，从运输全网的角度，可对整个农产品的运输网络中所有路径做出综合评价，从而实现农产品多式联运中的成本降低，运输时间缩短，使多式联运网络运行的效益水平与效率水平得到有效提升。同时，改进后的网络模型还具备良好的弹性适应能力，可以根据具体案例的不同情境，方便地调整参数，并能在较短时间内训练成熟，得到训练的结果。

（三）研究展望

通过本书的理论研究和实证研究，对于农产品的运输体系的评价模式有了较为完整的认识，但是由于笔者自身的理论和实践水平的局限性，导致本书仍然存在多方面的不足之处，有待进一步深入研究。

（1）由于特定的调研环境、区域和特定的样本数据选择可能会存在相应的偏差和有限性，在此基础上分析所得到的结论可能存在局限性。本书所采用的优化神经网络的算法，其优势具有动态性，与之前的博弈论算法、运筹学算法、遗传算法相比，更具有适应性和优势。但随着研究的进一步深入，更为科学的算法的引入，将使农产品多式联运系统的综合评价更具有理论深度和操作价值。

（2）第四章的评价准则和指标体系是基于对农产品运输的特点分析而建立，可以用来对各种不同种类农产品进行下一步的权重分析。因为篇幅原因本书在对评价指标体系进行权重分析时，采用的样本数据来源于鲜活农产品的数据，因此在此基础上所获得的权重应用到第五章优化的神经网络中时，所做的工作依然是对鲜活农产品的分析。因此，后续的研究可以从两个方面展开，一方面利用本书构建的模型进行不同种类农产品多式联运模式的评价分析，权重之间的变化，以及由此而导致的综合评价的结果的变化，并对这些不同展开深入的分析，研究的结果将对承担运输方企业有指导意义；另一方面可以结合对绿色通道和多式联运的分析，通过数据分析，对绿色通道与多式联运方案进行评价和对照分析，进一步探讨农产品多式联运的优势所在，这一结果将从宏观上论证农产品进行多式联运的优势所在。

（3）农产品多式联运实践已经开始发展，急需相关理论的指导，但现有的理论还不完善，不能有效地为实践提供指导和方向指引。相关的多式联运理论大多来自国外，适应我国农产品运输市场的理论研究才刚刚开始，比如完整运输产品的理论、中间层理论的研究，但是理论的提出为数不多，尚不能满足实践的需要。同时，由于农产品多式联运所涉及的部门和整个链条上的参与者众多，从文献的回顾也可以看出，所颁布的政策是有限的，政策的运行是缺乏效率的。仍然有许多政策法规亟待颁布，比如为提高农产品多式联运需求的有效性方面如何采取金融支持；为提高多式联运竞争力，如何从公路定价的角度进行影响；为提高农产品多式联运的绩效如何提供铁路设施与多式联运使用等方面的政策法规方面的研究和相关政策需要进一步跟上农产品运输实践发展的步伐。

（4）多式联运作为农产品运输的发展趋势，不仅仅需要研究运输的模式，农产品多式联运发展的完整系统需要进一步深入研究。多式联运的系统包括该系统的结构、组织形式、相关的设备、运输的标准、信息平台的建立、质量安全的监控等方面均需要进行全面的、成体系的研究。如相应的组织形式，我国实现大部制以来，各种运输形式不再完全割裂，为进一步的合作和联合建立了组织基础。但在组织的具体形式方面目前仍然是靠市场上的合同方式进行农产品的各种运输方式间的合作形式，国际上提出的建立联盟的形式，或者完全成立一个复杂交通运输的专门企业的形式，具体哪种组织形式更适合我国，还需要进一步深入的研究。

参考文献

[1] 周伟、李想、濮晓鹏等:《2011 年我国农产品流通状况及特点分析》,《中国农村科技》2012 年第 6 期。

[2] 杨文静:《农产品物流与民营物流企业》,《中国储运》2005 年第 6 期。

[3] 刘东坡主编:《价格波动频繁》,《中国商业年鉴》(2013 年)。

[4] 陈晓华主编:《全国主要农作物播种面积和产量增减情况(一)》,《中国农业统计资料》,中国农业出版社 2013 年版。

[5] 薛建强:《中国农产品流通模式比较与选择研究》,博士学位论文,东北财经大学,2014 年。

[6] 程延康、徐玄芳、管士忠:《日本蔬菜的生产与流通》,《上海蔬菜》1988 年第 4 期。

[7] 唐兴霖、刘国臻、唐琪:《国外三种主流农协模式之比较》,《行政论坛》2010 年第 7 期。

[8] 魏威、穆久顺:《美国与我国农民专业合作社的比较及其启示》,《中国集体经济》2009 年第 11 期。

[9] 李敬锁:《德国农业合作社的历史、现状及发展趋势》,《中国农民合作社》2010 年第 9 期。

[10] 徐旭初:《农民专业合作经济组织的制度分析》,博士学位论文,浙江大学,2005 年。

[11] 刘凤芹:《农地制度与农业经济组织》,博士学位论文,东北财经大学,2003 年。

[12] 张闯、夏春玉:《渠道权力:依赖、结构与策略》,《经济管理》2005 年第 1 期。

［13］ 姜增伟：《农超对接：反哺农业的一种好形式》，《求是》2009
年第 12 期。

［14］ 魏际刚、荣朝和：《中国集装箱多式联运发展的宏观经济因素
分析》，《中国软科学》2000 年第 8 期。

［15］ 胡正良、赵阳：《国际货物多式联运经营人责任制度研究》，
《大连海事大学学报》（社会科学版）2002 年第 2 期。

［16］ 汪鸣：《现代物流发展中的政府作用及政策问题》，《中国民用
航空》2002 年第 6 期。

［17］ 李堃：《"十一五" 我国综合交通运输的可持续发展》，《宏观经
济研究》2004 年第 8 期。

［18］ 荣朝和：《企业的中间层理论以及中间层组织在运输市场中的
作用》，《北京交通大学学报》（社会科学版）2006 年第 5 期。

［19］ 张琦、杨浩：《铁路集装箱内陆港综合物流化运营的合作竞争
战略研究》，《物流技术》2006 年第 9 期。

［20］ 熊崇俊、宁宣熙、潘颖莉：《中国综合交通各运输方式协调发
展评价研究》，《系统工程》2006 年第 6 期。

［21］ 张戎、黄科：《多式联运发展趋势及我国的对策》，《综合运输》
2007 年第 10 期。

［22］ 刘秉镰、林坦：《国际多式联运发展趋势及我国的对策研究》，
《中国流通经济》2009 年第 12 期。

［23］ 尹新：《基于绿色物流发展铁路运输的探讨》，《铁道运输与经
济》2010 年第 3 期。

［24］ 李姗姗：《发达国家发展低碳交通的政策法律措施及启示》，
《山西财经大学学报》2012 年第 1 期。

［25］ 张滨、黄波、樊娉：《"一带一路" 背景下我国海陆联运建设与
发展》，《中国流通经济》2015 年第 6 期。

［26］ 林坦：《欧美国家推进物流大通道建设的经验和借鉴》，《综合
运输》2015 年第 4 期。

［27］ 杨志刚：《多式联运经营人责任形式与赔偿责任之关联》，《上
海海运学院学报》2000 年第 2 期。

[28] 郭子坚、王诺、霍红：《多种运输模式下国内沿海集装箱港口布局模型研究》，《大连理工大学学报》2001 年第 5 期。

[29] 戴勇：《虚拟物流企业联盟的构建与管理》，博士学位论文，上海海运学院，2002 年。

[30] 王红卫：《"无水港"建设及离散选择理论在选址中的应用》，博士学位论文，上海海事大学，2004 年。

[31] 贾倩：《综合交通枢纽布局规划研究》，博士学位论文，长安大学，2006 年。

[32] 陈宇、任建伟、刘盾等：《基于遗传算法的集装箱多式联运联盟合作伙伴的选择》，《铁道运输与经济》2007 年第 2 期。

[33] 刘勇献、杨道兵：《粮食码头多式联运的设计优化》，《粮食流通技术》2007 年第 4 期。

[34] 汤震宇：《集装箱海铁联运枢纽现状与发展策略》，《集装箱化》2009 年第 2 期。

[35] 张戎、艾彩娟：《内陆港功能定位及发展对策研究》，《综合运输》2010 年第 1 期。

[36] 王杨堃：《现代多式联运的发展及其经济组织》，博士学位论文，北京交通大学，2010 年。

[37] 东方：《基于混合集合规划的多式联运承运人选择问题研究》，《中国物流与采购》2011 年第 16 期。

[38] 黄霏茜、林玉山：《基于低碳经济的集装箱海铁联运效益分析》，《物流工程与管理》2011 年第 5 期。

[39] 向毅：《集装箱多式联运的空箱调运问题研究》，硕士学位论文，西南交通大学，2011 年。

[40] 朱昌锋、王庆荣：《多式联运条件下应急车辆径路优化研究》，《统计与决策》2013 年第 18 期。

[41] 代应、黄芳、蒲勇健：《我国物流运输模式间的相互影响及关系研究》，《科技管理研究》2014 年第 15 期。

[42] 张建勇、郭耀煌：《一种多式联运网络的最优分配模式研究》，《铁道学报》2002 年第 4 期。

［43］ 王涛、王刚：《一种多式联运网络运输方式的组合优化模式》，《中国工程科学》2006 年第 10 期。

［44］ 靳志宏、朴惠淑、杨华龙：《集装箱多式联运系统装卸与运输一体化优化问题》，《系统工程》2006 年第 11 期。

［45］ 姜军、陆建：《集装箱多式联运系统中各种运输方式最优组合模式研究》，《物流技术》2008 年第 4 期。

［46］ 贺竹馨、孙林岩、李晓宏：《时效性物流联运方式选择模型及其算法》，《管理科学》2007 年第 1 期。

［47］ 魏航、李军、魏洁：《时变条件下多式联运有害物品的路径选择》，《系统管理学报》2007 年第 6 期。

［48］ 刘昱婷：《东北三省和山东半岛间集装箱多式联运路径选择研究》，硕士学位论文，大连海事大学，2008 年。

［49］ 开妍霞、王海燕：《危险品运输网络中运输方式和路径优化研究》，《中国安全生产科学技术》2009 年第 1 期。

［50］ 康凯、牛海姣、朱越杰等：《多式联运中运输方式与运输路径集成优化模型研究倡》，《计算机应用研究》2010 年第 5 期。

［51］ 雷定猷、游伟、张英贵等：《长大货物多式联运路径优化模型与算法》，《交通运输工程学报》2014 年第 1 期。

［52］ 杨自辉、符卓：《物流运输优化问题的线性规划模型构建》，《统计与决策》2015 年第 6 期。

［53］ 夏英：《国外"家庭农场"发展探析》，《中国农业信息》2013 年第 11 期。

［54］ 贾履让：《从市场化改革看土地有偿使用和开放土地市场》，《当代经济科学》1998 年第 6 期。

［55］ 荣朝和：《从运输产品特性看铁路重组的方向》，《北方交通大学学报》（社会科学版）2002 年第 1 期。

［56］ 郭玲：《基于多目标综合评价的农产品运输模式研究》，《山东农业大学学报》（自然科学版）2015 年第 1 期。

［57］ 罗俊：《基于行为分析的货物运输方式选择模型研究》，博士学位论文，武汉理工大学，2012 年。

[58] 范如国、王丽丽：《RFID 对生鲜农产品运输时间及零售商与物流商收益的影响分析》，《技术经济》2011 年第 7 期。

[59] 杨家其、罗萍：《现代物流与运输》，人民交通出版社 2003年版。

[60] 朱新民、方光罗、张旭凤：《物流运输管理》，东北财经大学出版社 2004 年版。

[61] 胡松评：《运输方式选择的决策模型》，《物流科技》2002 年第 2 期。

[62] 薄鸿祥、刘兵：《用层次分析法对货物运输方式选择进行综合评价》，《青海师专学报》2007 年第 5 期。

[63] 王玲玲、覃运梅：《多式联运的运输方案选择研究》，《铁道运输与经济》2009 年第 10 期。

[64] 纪跃芝、冯延辉、贺莉等：《基于 AHP 模型交通运输方式的效益与代价分析》，《长春工业大学学报》（自然科学版）2006 年第 3 期。

[65] 朱健梅：《竞争性运输通道选择的博弈模型研究》，《西南交通大学学报》2003 年第 3 期。

[66] 刘涛：《基于博弈模型的物流运输方式选择及其应用》，硕士学位论文，武汉理工大学，2008 年。

[67] 王东生、曹磊：《混沌、分形及其应用》，中国科技大学出版社 1995 年版。

[68] 刘琼荪、孙喜波：《变尺度混沌算法的 BP 网络优化》，《计算机应用研究》2011 年第 4 期。

[69] 王志良、邱林：《混沌优化算法在非线性约束规划问题中的应用》，《华北水利水电学院学报》2002 年第 2 期。

[70] 孙喜波：《BP 神经网络算法与其他算法的融合研究及应用》，硕士学位论文，重庆大学，2011 年。

[71] 张伟杰、高彤：《基于 BP 神经网络的动态交通流量预测》，《吉林建筑工程学院学报》2011 年第 2 期。

[72] 郗恩崇、郭玲：《我国鲜活农产品运输的 VC – BP 神经网络组合

模型》,《烟台大学学报》(哲学社会科学版) 2015 年第 3 期。

[73] 郭玲:《基于多目标综合评价的农产品运输模式研究》,《山东农业大学学报》(自然科学版) 2015 年第 1 期。

[74] 郭旭东:《基于神经网络的空间目标轨迹跟踪系统的研究》,硕士学位论文,武汉理工大学,2008 年。

[75] 王巍、张小东、辛国栋:《基于多式联运的组合优化模型及求解方法》,《计算机工程与应用》2009 年第 7 期。

[76] 郭玲、郗恩崇:《基于神经网络的农产品综合运输水平评价研究》,《沈阳农业大学学报》2015 年第 5 期。

[77] Morlok, E. K., Spasovic, L. N., Vanek, F. M., Regional Options and Policies for Enhancing Intermodal Transport, University of Pennsylvania and New Jersey, Institute of Technology, 1997, No. UP08 - 1, III -9701.

[78] TRB. Policy Options for Intermodal Freight Transportation, Transportation Research Board, National Research Council, Washington, D. C., 1998.

[79] Eatough, C. J., Brich, C. C., Demoski, M. J., "A Statewide Intermodal Freight Transportation Planning Methodology", *Journal of the Transportation Research Forum*, 2000, 39 (1), 145 - 155.

[80] Zavattero, D. A., Rawling, F. G., Rice, D. F., "Mainstreaming Intermodal Freight Into the Metropolitan Transportation Planning Process", *Transportation Research Record*, 1998., 1613, 1 - 17.

[81] Anderson, K. M., Walton, C. M., Evaluating Intermodal Freight Terminals: A Framework for Government Participation, Southwest Region University Transportation Center, Center for Transportation Research, The University of Texas at Austin, TX, 1998.

[82] Clarke, D. B., Chatterjee, A., Rutner, S. M., Sink, H. L., "Intermodal Freight Transportation and Highway Safety", *Transportation Quaterly*, 1996, 50 (2), 97 - 110.

[83] Jensen, A., "Combined Transport. Systems, Economics and Strate-

gies", Swedish Transport Research Board, Stockholm, 1990.

[84] Konings, J. W. , "Integrated Centres for the Transshipment, Storage, Collection and Distribution of Goods", *Transport Policy*, 1996, 3 (1 -2), 3 -11.

[85] Slack, B. , "Along Different Paths: Intermodal Rail Terminals in North America and Europe", In: Proceedings 7th World Congress on Transportation Research, Vol. 4. Sydney, Australia, 1995: 123 - 131.

[86] Stank, T. P. , Roath, A. S. , "Some Propositions on Intermodal Transportation and Logistics Facility Development: Shippers' Perspectives", *Transportation Journal*, 1998, 37 (3), 13 -24.

[87] Barton, J. E. , Selness, C. L. , Anderson, R. J. , Lindberg, D. L. , Foster, N. S. J. , "Developing A Proposal for A Multiuser Intermodal Freight Terminal as A Public – private Partnership", *Transportation Research Record*, 1999: 145 – 151.

[88] Crainic, T. D. , Florian, M. , Guelat, J. , Spiess, H. , "Strategic Planning of Freight Transportation: STAN, An Interactive – graphic System", *Transportation Research Record* 1283, 1990: 97 – 124.

[89] Loureiro, C. F. G. , "Modeling Investment Options for Multimodal Transportation Networks", Ph. D. dissertation, University of Tennessee, 1994.

[90] D'Este, G. , "An Event – based Approach to Modelling Intermodal Freight Systems", *International Journal of Physical Distribution & Logistics Management*, 1996, 26 (6): 4 –15.

[91] Jourquin, B. , Beuthe, M. , Demilie, C. L. , "Freight Bundling Network Models: Methodology and Application", *Transportation Planning and Technology*, 1999, 23: 157 – 177.

[92] Southworth, F. , Peterson, B. E. , "Intermodal and International Freight Network Modeling", *Transportation Research C*8, 2000: 147 – 166.

[93] Panayides, P. M., "Economic Organization of Intermodal Transport", *Transport Reviews*, 2002, 22 (4): 401 –414.

[94] Mahin Faghfouri, "International Regulation of Liability for Multimodal Transport", *WMU Journal of Maritime Affairs*, 2006, 4: 95 –114.

[95] Kreutzberger, E. D., "Distance and Time in Intermodal Goods Transport Networks in Europe: A Generic Approach", *Transportation Research Part A: Policy and Practice*, 2008, 42 (7): 973 –993.

[96] Bergqvist, R., Behrends, S., "Assessing the Effects of Longer Vehicles: The Case of Pre – and Post – haulage in Intermodal Transport Chains", *Transport Reviews*, 2011, 31 (5): 591 –602.

[97] Hengst – Bruggeling, M. den., "Interorganizational Co – ordination in Container Transport: A Chain Management Design", *Delft University of Technology*, 1999.

[98] Dürr, E., "Experience With A Distributed Information Architecture for Real – time Intermodal Tracking and Tracing", Vehicle Navigation and Information Systems Conference, 1994. Proceedings., 1994. IEEE, 1994: 677 –682.

[99] Woxenius, J., "Modelling European Combined Transport as an Industrial System", Department of Transportation and Logistics, Chalmers University of Technology, Goteborg, Sweden, 1994.

[100] Taylor, J. C., Jackson, G. C., "Conflict, Power, and Evolution in the Intermodal Transportation Industry's Channel of Distribution", *Transportation Journal*, 2000, 39 (3): 5 –17.

[101] Van Klink, H. A, van Den Berg, G. C., "Gateways and Intermodalism", *Journal of Transport Geography*, 1998, 6 (1): 1 –9.

[102] Wiegmans, B. W., Masurel, E., Nijkamp, P., "Intermodal Freight Terminals: An Analysis of the Terminal Market", *Transportation Planning and Technology*, 1999, 23 (2): 105 –128.

[103] Asariotis, R., "Intermodal Transportation and Carrier Liability", *In: Towards Improved Intermodal Freight Transport in Europe and the*

United States: *Next Steps*, Report of an ENO transportation foundation policy forum, November 19 – 20, Munich, Germany, 1998: 33 – 40.

[104] European Commission, "Intermodal Transportation and Carrier Liability", Luxemburg, 1999.

[105] Kindred, H. M., Brooks, M. R., "Multimodal Transport Rules", *Kluwer Law International*, The Hague/London/Boston, 1997.

[106] Caris, A., Macharis, C., Janssens, G. K., "Planning Problems in Intermodal Freight Transport: Accomplishments and Prospects", *Transportation Planning and Technology*, 2008, 31 (3): 277 – 302.

[107] Macharis, C., De Witte, A., Ampe, J., "The Multi – actor, Multi – criteria Analysis Methodology (MAMCA) for the Evaluation of Transport Projects: Theory and Practice", *Journal of Advanced Transportation*, 2009, 43 (2): 183 – 202.

[108] Macharis, C., Caris, A., Jourquin, B., et al., "A Decision Support Framework for Intermodal Transport Policy", *European Transport Research Review*, 2011, 3 (4): 167 – 178.

[109] Heaver, T. D., "Co – ordination in Multi – actor Logistics Operations: Challenges at the Port Interface", *Integrating Seaports and Trade Corridors*, 2011: 155 – 170.

[110] Morash, E. A., Hille, S. J., Bruning, E. R., "Marketing Rail Piggyback Services", *Transportation Journal*, 1977: 40 – 50.

[111] Harper, D. V., Evers, P. T., "Competitive Issues in Intermodal Railroad – truck Service", *Transportation Journal*, 1993, 32 (3): 31 – 45.

[112] Evers, P. T., Harper, D. V., Needham, P. M., "The Determinants of Shipper Perceptions of Modes", *Transportation Journal*, 1996, 36 (2): 13 – 25.

[113] Murphy, P. R., Daley, J. M., "Some Propositions Regarding

Rail – truck Intermodal: An Empirical Analysis", *Journal of Transportation Management*, 1998, 10 (1): 10 – 19.

[114] Ludvigsen, J., "Freight Transport Supply and Demand Conditions in the Nordic Countries: Recent Evidence", *Transportation Journal*, 1999, 39 (2): 31 – 54.

[115] Tsamboulas, D. A., Kapros, S., "Decision – making Process in Intermodal Transportation", *Transportation Research Record* 1707, 2000: 86 – 93.

[116] Beier, F. J., Frick, S. W., "The Limits of Piggyback: Light at the end of the Tunnel", *Transportation Journal*, 1978, 18 (2): 12 – 18.

[117] Fowkes, A. S., Nash, C. A., Tweddle, G., "Investigating the Market for Inter – modal Freight Technologies", *Transportation Research A*, 1991, 25 (4): 161 – 172.

[118] Nierat, P., "Market Area of Rail – truck Terminal: Pertinence of the Spatial Theory", *Transportation Research A*, 1997, 31 (2): 109 – 127.

[119] Van Schijndel, W. J., Dinwoodie, J., "Congestion and Multimodal Transport: A Survey of Cargo Transport Operators in the Netherlands", *Transport Policy* 7, 2000: 231 – 241.

[120] Bärthel, F., Woxenius, J., "Developing Intermodal Transport for Small Flows Over Short Distances", *Ransportation Planning and Technology*, 2004, 27 (5): 403 – 424.

[121] Janic, M., "Modelling the Full Costs of an Intermodal and Road Freight Transport Network", *Transportation Research Part D: Transport and Environment*, 2007, 12 (1): 33 – 44.

[122] Cho, J. H., Kim, H. S., Choi, H. R., "An Intermodal Transport Network Planning Algorithm Using Dynamic Programming – a Case Study: From Busan to Rotterdam in Intermodal Freight Routing", *Applied Intelligence*, 2012, 36 (3): 529 – 541.

[123] Manzini, R, Accorsi, R. , "The New Conceptual Framework for Food Supply Chain Assessment", *Journal of Food Engineering*, 2013, 115 (2): 251 – 263.

[124] Pagell, M. , Wu, Z. , "Building A More Complete Theory of Sustainable Supply Chain Management Using Case Studies of 10 Exemplars", *Journal of supply chain management*, 2009, 45 (2): 37 – 56.

[125] Liberatore, M. J. , Miller, T. , "A Decision Support Approach for Transport Carrier and Mode Selection", *Journal of Business Logistics*, 1995, 16 (2): 85.

[126] Haugen, K. K. , Hervik, A. , "A Game Theoretic 'Mode – choice' Model for Freight Transportation", *The Annals of Regional Science*, 2004, 38 (3): 469 – 484.

[127] Norojono, O. , Young, W. , "A Stated Preference Freight Mode Choice Model", *Transportation Planning and Technology*, 2003, 26 (2): 1 – 1.

致　　谢

在本书即将出版的前夕，我要由衷地感谢几年来我的导师郗恩崇教授对我的指导，在本书撰写的过程中，郗老师付出了大量的时间和精力。本书的撰写过程曲折，遇到各式各样的困难在所难免，每当此时，郗老师寥寥数语总能让我茅塞顿开。一个人能在自己的人生之路上，得遇良师，不仅在学业上得到点拨，更能从老师的为人处世上学到对待生活的态度，真是一生的幸运。在本书出版之际，请允许我向尊敬的导师表达深深的感谢之情！谢谢老师！

在本书的修改过程中，要感谢陈引社老师、芮夕捷老师、樊根耀老师对书稿的仔细推敲，提出详细的修改建议，本书的完成得益于几位老师的辛苦付出！同时，感谢经济管理学院所有的老师们、领导们的辛苦付出。

感谢我的家人，在我整理书稿期间无私的奉献，全力的支持，你们就是我的精神支柱！

感谢我的同事们，谢谢你们在工作上的支持和帮助！

感谢本书所有引用文献的作者们！